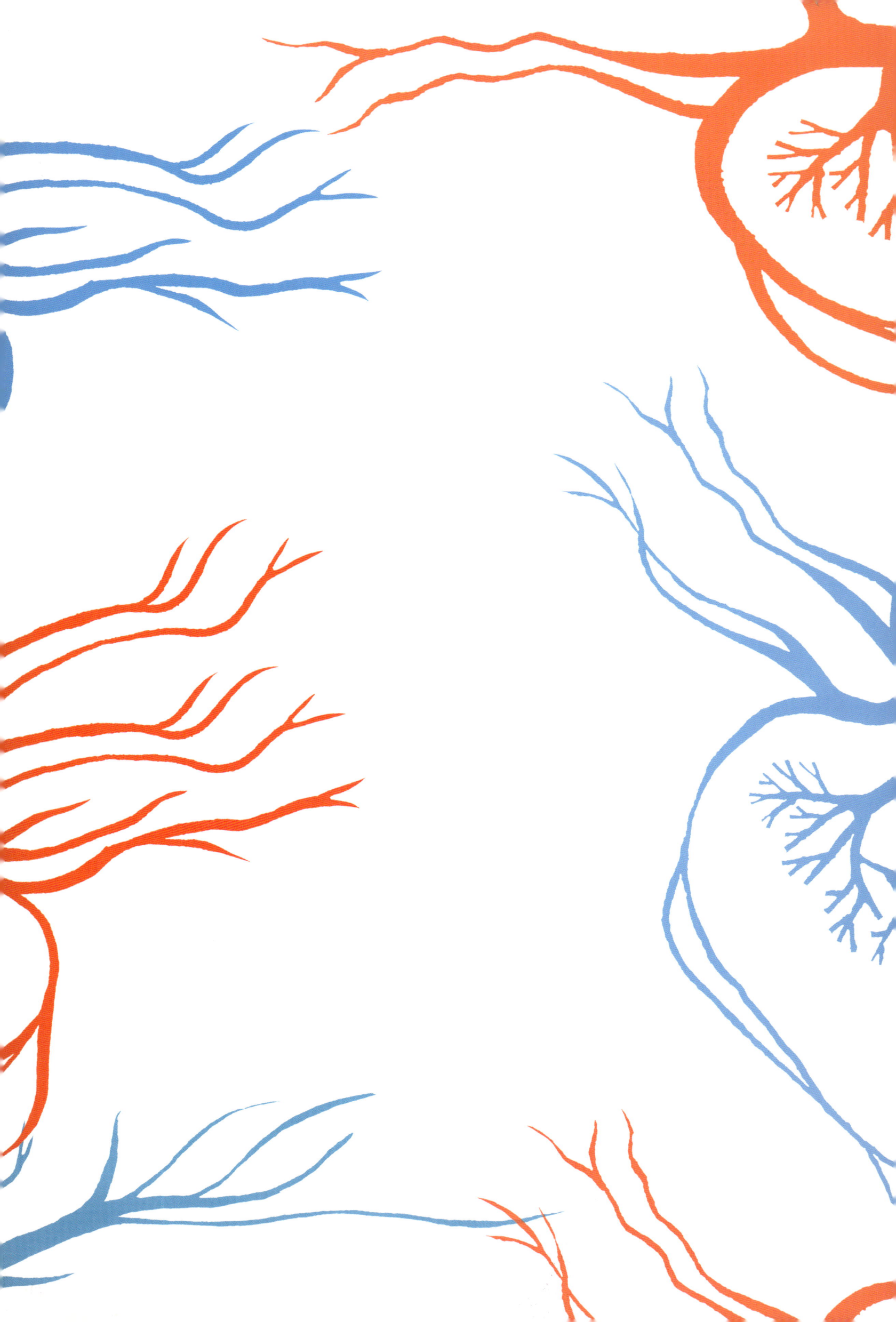

우리 몸에 대해 꼭 알아야 할 모든 것

인체 탐험 보고서

맥스 펨버턴 글 · 크리스 매든 그림 · 조은영 옮김

시공주니어

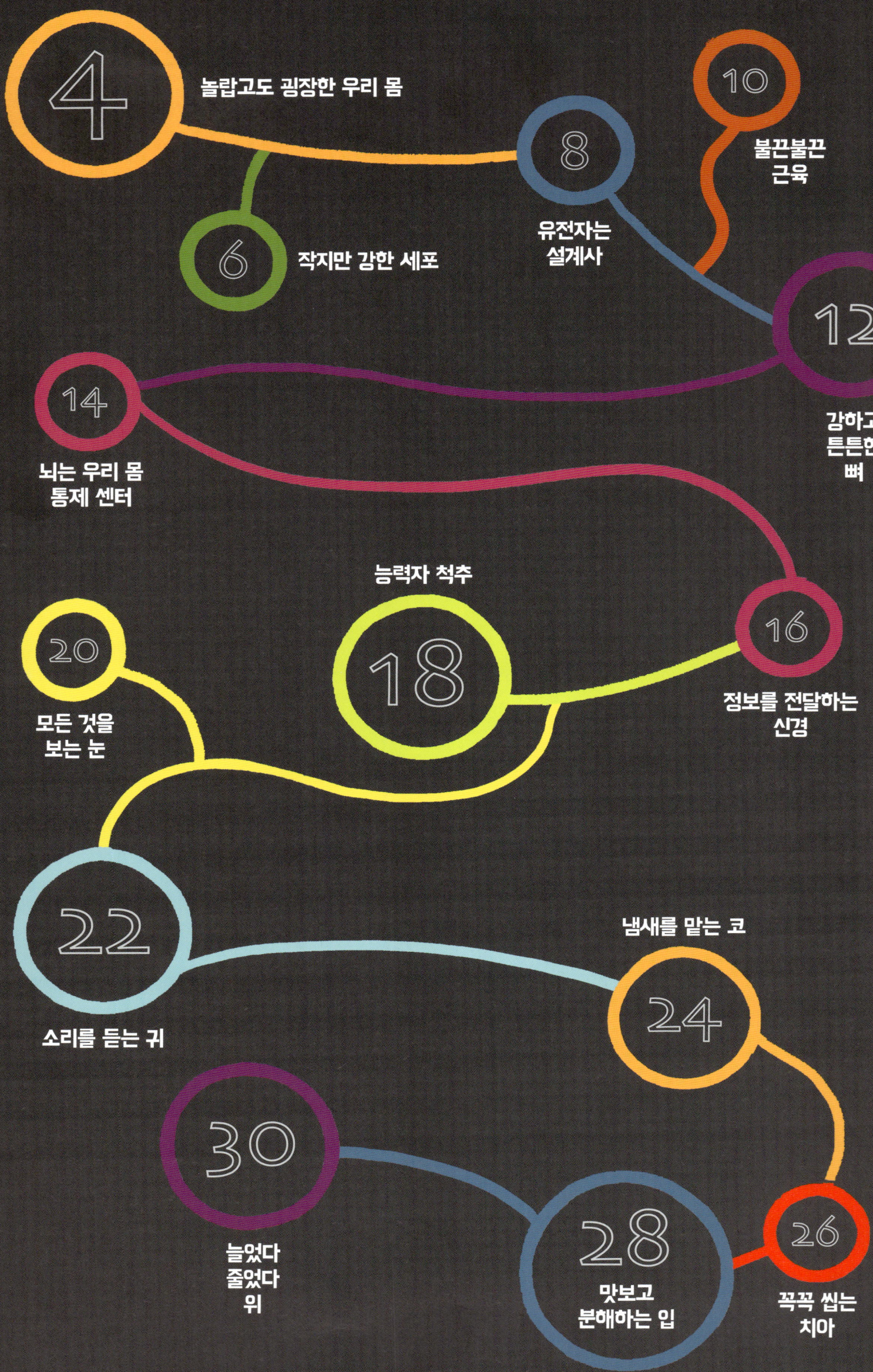

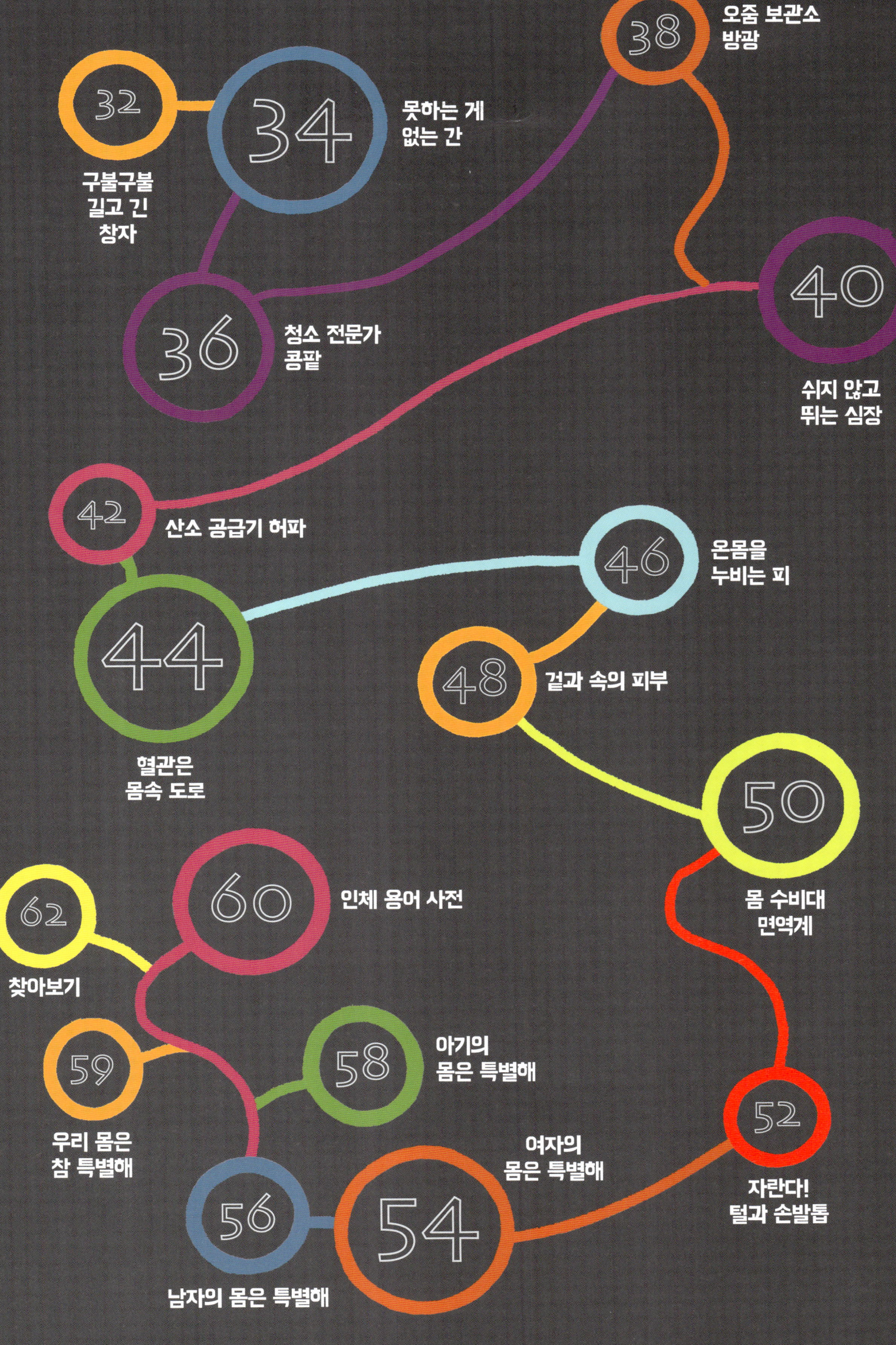

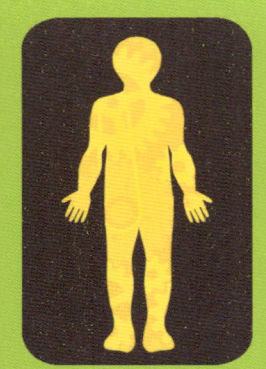

저는 의사가 되려고 인간의 몸에 대해 오랫동안 공부했어요. 그런데 의사가 된 지 한참 지난 지금까지도 우리 몸이 얼마나 훌륭한지 볼 때마다 깜짝 놀라요. 하지만 그 사실을 아는 사람은 많지 않죠. 몸이 알아서 우리가 움직이게 해 주고 숨도 쉬게 해 주기 때문에 몸속에서 어떤 일이 일어나는지 굳이 생각할 필요가 없거든요. 지금 이 순간에도 우리 몸속에서는 세포와 조직, 그리고 기관들이 한시도 쉬지 않고 열심히 일해요. 그러지 않으면 우리는 살아 있지 못할 거예요.

놀랍고도 굉장한 우리 몸

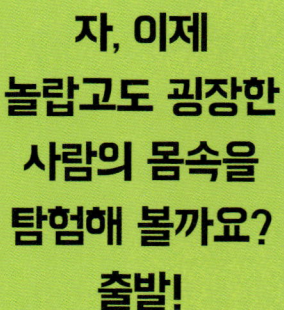

지금 여러분의 몸을 최대한 작게 웅크려 보세요. 아니, 그거보다 훨씬 더 작게요. 콧구멍으로 들어가 눈 속을 들여다보고 혈관을 타고 다닐 수 있을 만큼 작아야 해요. 지금부터 저와 함께 인간의 몸속을 누비는 멋진 탐험을 떠날 거거든요. 몸속의 여러 기관과 기관계가 어떻게 힘을 합쳐 우주에서 가장 멋진 생물을 만드는지 보게 될 거예요. 가장 멋진 생물이 누구냐고요? 바로 여러분이죠!

사람들은 대개 자신의 몸이 하는 일을 당연하게 생각해요. 하지만 아마 이 탐험을 끝낼 즈음이면 여러분도 저처럼 우리 몸이 얼마나 대단하고 특별한지 알게 될 거예요. 병균이 침입하거나 독극물을 마셨을 때 우리 몸이 어떻게 싸우는지, 어떤 기발한 방법으로 우리를 안전하게 지키는지, 우리가 먹는 음식이 어떻게 우리 몸속의 기관들이 제 기능을 다하는 데 영향을 주는지도 알게 될 거예요. '슬기로운 건강 생활'에서 건강을 지키는 쉬운 방법도 꼭 확인하세요!

자, 이제 놀랍고도 굉장한 사람의 몸속을 탐험해 볼까요? 출발!

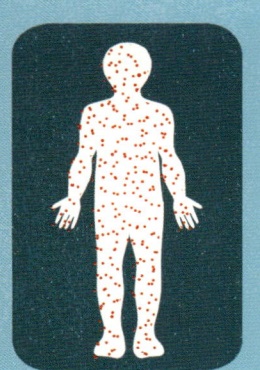

우리 몸은 뼈, 피, 조직, 기관으로 이루어졌어요. 이것들이 모두 힘을 모아 몸을 보호하고 우리가 잘 자라게 도와주죠. 뼈, 피, 조직, 기관은 다 세포로 만들어졌어요. 우리가 맨 먼저 탐험할 곳이 바로 이 세포랍니다!

작지만 강한 세포

이제 여러분은 사람의 몸속을 돌아다닐 수 있을 만큼 작아졌어요. 세포가 보이나요? 원래 세포는 아주 작아서 현미경을 사용해야만 볼 수 있죠. 우리 몸이 집이라면 세포는 벽돌이에요. 집이 수천 개의 벽돌로 지어진 것과 같이 인간의 몸은 수조 개의 세포로 지어졌어요. 각 세포는 크게 세포막, 세포질, 세포핵으로 이루어졌어요.

세포막

세포를 하나로 잘 모아 주는 얇은 막이에요. 산소와 영양분을 세포 안으로 들여보내고 이산화 탄소 같은 노폐물은 세포 밖으로 내보내죠.

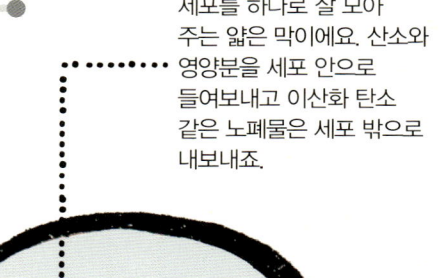

세포질

세포를 채우는 젤리 같은 물질이에요. 세포질 속 작은 기관(소기관)들은 세포의 내용물이 세포 안에서 이동하고, 영양분을 소화하고, 에너지를 만드는 걸 도와요.

세포핵

세포에게 명령할 지시 사항이 저장돼 있어요.

우리 몸속에 있는 세포는 종류가 약 200가지나 돼요. 외계 생명체 같은 위의 그림은 신경 세포예요. 신경 세포는 몸의 한쪽에서 다른 쪽으로 신호를 전달해 촉감이나 통증 같은 감각을 느끼게 해 줘요.

이건 적혈구예요. 혈액 세포죠. 산소를 싣고 우리 몸을 돌아다녀요. 둥글납작하게 생겨서 산소를 많이 흡수할 수 있답니다.

슬기로운 건강 생활

세포도 시간이 지나면 늙고 결국 죽어요. 하지만 걱정하지 않아도 돼요. 우리 몸이 바로바로 새로운 세포를 만들어 내니까요. 생선이나 견과류, 달걀처럼 단백질이 풍부한 음식을 많이 먹으면 새로운 세포를 건강하게 지켜 줄 수 있답니다.

 세포 하나하나도 아주 놀랍지만, 여러 개의 세포가 함께 모이면 엄청난 일이 벌어져요.

 같은 일을 하는 세포끼리 무리 지어 '조직'을 이루고 함께 일해요.

 여러 종류의 조직이 모여 위나 장 같은 '기관'을 만들어요. 어떤 기관은 한 가지 일만 해요. 예를 들어 눈은 우리가 앞을 보게 해 주죠. 그런데 어떤 기관은 아주 많은 일을 해요. 간은 500가지도 넘는 일을 한답니다.

한마디로 우리 몸은 온갖 부품으로 이루어진 기계 같아요. 하지만 제각각 하는 일이 무엇이든 간에 한 가지 공통점이 있어요. 모두 세포로 만들어졌다는 거죠!

 여러 기관이 모여 '기관계'를 이루고 우리 몸이 작동하게 도와요. 예를 들어 위는 소화계의 일부인데, 소화계에는 위 말고도 식도와 창자 등이 있어요.

01

제 여러분의 몸이 조금 더 작아져야 해요. 이번엔 세포가 하는 일을 통제하는 세포핵 속을 들여다볼 거거든요. 세포핵 속에는 화학 물질인 데옥시리보 핵산이 들어 있어요. 줄여서 DNA라고 하죠. DNA는 인간의 몸을 만드는 데 필요한 설명서라고 보면 돼요. '머리카락을 생머리로 만들어라' 또는 '곱슬머리로 만들어라'와 같이 DNA 안에 담긴 각각의 지시 사항을 유전자라고 불러요.

유전자는

DNA는 생김새에서부터 남자가 될 것인지, 여자가 될 것인지에 이르기까지 우리의 모든 것을 결정해요. 이때 DNA에 담긴 지시 사항, 즉 유전자는 사람마다 조금씩 달라요. 유전자의 차이 때문에 어떤 사람의 눈은 푸른색인데 어떤 사람의 눈은 갈색이고, 또 어떤 사람은 키가 큰데 어떤 사람은 키가 작은 거랍니다.

세포핵 속의 DNA를 아주 자세히 들여다보면, 용수철처럼 꼬여 있는 걸 볼 수 있어요. 세포 하나에 들어 있는 DNA 가닥의 양쪽 끝을 잡고 쭉 늘여서 편다면, 길이가 2미터도 넘을 거예요.

우리 몸속의 세포 하나하나마다 DNA가 아주 많이 들어 있답니다!

우리는 부모님에게서 유전자를 물려받아요. 그래서 붉은색 머리카락이나 갈색 눈 같은 특징은 한 세대에서 다음 세대로 전달되고 가족 안에서 유전되죠. 유전자가 뒤섞이는 방식은 사람마다 다르기 때문에 부모님이 같은 형제자매라도 서로 외모와 성격이 다른 거예요. 그런데 유전자가 서로 똑같은 사람들도 있어요. 바로 일란성 쌍둥이들이죠!

설계사

> 우리 아빠의 머리카락은 붉은색이지만, 난 엄마를 닮아 머리카락이 갈색이에요.

> 식물에서 곤충에 이르기까지 살아 있는 모든 생물에 DNA가 있어요. 인간의 유전자 98.8퍼센트가 침팬지와 똑같답니다!

우리 몸속의 유전자는 모두 두 쌍이에요. 한 쌍은 엄마에게서, 한 쌍은 아빠에게서 받은 거죠. 그런데 그 둘 중에 한 유전자는 다른 한 유전자보다 우성이에요. 다시 말해 더 힘이 세다는 뜻이에요. 여러분이 만약 아빠에게서 푸른색 눈 유전자를, 엄마에게서 갈색 눈 유전자를 받았다면, 여러분의 눈은 아마 갈색일 거예요. 갈색 눈 유전자가 푸른색 눈 유전자보다 우성이기 때문이죠.

하지만 여러분의 눈이 갈색이라고 해서 여러분의 아이도 무조건 갈색 눈이어야 하는 건 아니에요. 만약에 여러분이 푸른색 눈 유전자 한 쌍, 갈색 눈 유전자 한 쌍을 가졌고 둘 중 푸른색 눈 유전자를 아이에게 물려주었는데, 마침 여러분의 남편이나 아내도 아이에게 푸른색 눈 유전자를 준다면, 여러분의 아이는 푸른색 눈 유전자만 지니고 있어서 눈이 푸른색이 된답니다!

운동을 열심히 한 다음 날 다리가 아플 때가 아니면 우리는 평소에 근육에 대해 잘 생각하지 않아요. 하지만 근육은 우리 몸이 하는 모든 동작을 조절하면서 잠시도 쉬지 않고 일한답니다. 다리를 움직여 달리게 할 때만이 아니라 심장을 뛰게 하고 허파(폐)를 움직이게 하는 등 우리가 미처 생각하지 못한 많은 일을 하죠.

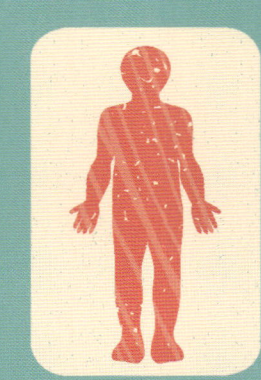

불끈불끈 근육

근육을 자세히 들여다보면 마치 고무줄처럼 늘어나고 줄어드는 조직으로 되어 있는 걸 볼 수 있어요. 하지만 모든 근육이 다 같지는 않아요. 근육에는 세 가지 종류가 있답니다.

영화 속 슈퍼맨을 힘센 영웅으로 만들어 주는 근육을 '골격근'이라고 해요. 골격근은 우리가 걷거나 웃는 동작을 할 때 필요한 힘을 주죠. 골격근은 힘줄이라는 튼튼한 끈으로 뼈에 붙어서 근골격계를 이루어요. 근육 중에서 우리가 마음대로 조절할 수 있는 건 골격근뿐이에요.

골격근은 자전거를 오래 탔을 때처럼 많이 사용하면 종종 아플 때가 있어요. 근육을 너무 열심히 움직이다가 근육에 작은 상처가 나서 그래요. 하지만 그렇게 걱정하지 않아도 돼요. 우리 몸은 이 정도로 찢어진 상처는 아주 잘 고치니까요. 심지어 근육은 회복되고 나면 대개 더 크고 강해져요. 그래서 운동을 하면 할수록 근육에 힘이 생기고 운동도 쉬워지는 거랍니다.

슬기로운
건강 생활

우리 몸이 근육을 튼튼하게 하고 근육에 난 상처를 고치려면 영양분이 아주 많이 필요해요. 그러니까 목이 마를 때는 콜라나 사이다보다는 우유를 마시고, 간식이 먹고 싶을 때는 초콜릿 대신에 과일을 먹도록 해요. 건강한 근육을 만드는 데 큰 도움이 될 거예요.

얼굴에 있는 근육은 미소를 짓거나 눈살을 찌푸리게 하는 등 의사소통을 돕죠.

심장은 우리 몸에서 가장 열심히 일하는 근육이에요. 우리가 살아 있는 동안 한 번도 쉬지 않고 움직이니까요.

쭉쭉 늘이기

2. 다음으로 알아볼 근육은 '평활근'이에요. 평활근은 아주 똑똑한 근육이에요. 우리가 아무 생각을 하지 않아도 알아서 일을 잘하거든요. 우리가 밥을 삼키면 평활근이 식도를 움직여 음식물이 목에서 위까지 문제없이 내려가게 하죠. 위, 창자, 방광 같은 몸속의 여러 기관과 혈관도 평활근으로 되어 있어요. 심지어 눈 속에도 평활근이 있어서 초점을 맞추는 것을 돕지요.

3. 마지막으로 살펴볼 근육은 심장의 벽을 이루는 '심장근'이에요. 심장근은 심장에만 있지만, 정말 중요한 일을 해요. 피가 우리 몸 구석구석을 돌 수 있도록 날마다 펌프질을 하거든요.

슬기로운 건강생활

운동을 충분히 하면 뼈를 튼튼하고 건강하게 만들 수 있어요. 물론 뼈를 만드는 것도 중요해요. 칼슘이 풍부한 우유나 치즈, 아몬드, 모든 브로콜리 같은 신선한 채소를 챙겨 먹어야 하죠. 그리고 칼슘이 잘 흡수되려면 비타민 D가 필요해요. 비타민 D는 고등어나 연어 같은 생선, 달걀노른자, 그리고 햇볕에 피부를 태우면 만들어집니다.
그렇다고 피부를 태우면 안 되겠죠?

뼈가 몸을 지탱하려면 튼튼하고 딱딱해야 해요. 다시 말해 뼈는 잘 구부러지지 않는다는 뜻이죠. 구부러지지 않으니 뼈는 힘을 세게 주면 부러지요. 만약에 어디분이 어딘가에 세게 부딪쳐서 뼈가 부러지면 병원에 가서 엑스선 촬영을 할 거예요. 엑스선은 몸속을 들여다볼 수 있는 특별한 종류의 사진이에요.

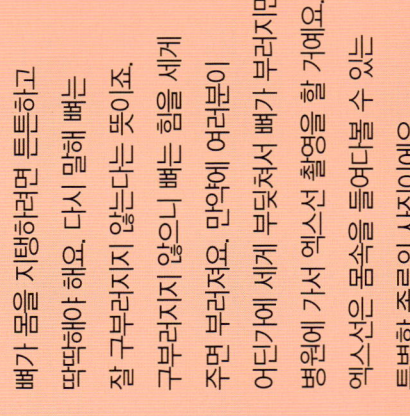

강하고 튼튼한 뼈

아래쪽을 내려다보세요. 허벅지는 엉덩이와 무릎은 허벅지와 연결돼 있어요. 곁에서 보기엔 단순해 보이지만, 그 속을 들여다보면 뼈들은 좀 더 복잡하게 연결돼 있습니다. 어른의 몸에는 총 206개의 뼈가 있어요. 아기의 몸에는 뼈가 300개쯤 있고요. 자라면서 뼈들이 서로 단단히 붙어 개수가 줄어들기도 해요.

그런 다음 의사 선생님은 상처 부위를 단단한 석고 붕대로 잘 감싸서 뼈를 보호해요. 깁스가 치료되는 동안 움직이지 않게 하는 거예요. 뼈가 부러지면 뼈가 어떻게 치유되나고요? 뼈가 부러지면 뼈 속에 있는 여러한 뼈 모세포와 뼈를 파괴 세포가 모여 부러진 뼈를 치료해요. 뼈 파괴 세포가 낡은 뼈를 녹이고 흡수하면, 뼈 모세포가 새로운 뼈를 만들어 그 빈 자리를 채우는 거예요.

뼈를 곁에서 보면 굵은 막대 같지만, 안쪽에 벌집처럼 보이는 수많은 구멍이 뚫려 있어서 튼튼하면서도 가벼워요. 두 개 이상의 뼈가 만나는 관절에는 연골이라는 부드러운 물질이 뼈의 끝부분을 감싸고 있어서 뼈끼리 부딪혀 뼈가 닳는 것을 막아 줘요. 연골은 물렁뼈라고도 해요.

뼈는 뼈대를 이루는 단단한 기관이에요. 그리고 아주 많은 일을 하죠. 먼저 몸속의 중요한 장기들을 보호해요. 머리뼈는 우리의 뇌를 보호하고, 갈비뼈는 심장과 허파를 보호하죠. 뼈가 이렇게 일을 잘할 수 있는 건 아주 단단하기 때문이에요. 또 뼈는 강철보다 깁스프로그램 다섯 배나 더 단단해요. 해 주고 근육과 함께 우리가 몸을 움직일 수 있게 유지하게 해요. 뼈가 없으면 우리 몸은 이마 슬라임처럼 흐물흐물해질 거예요.

뼈는 잘 알려지지 않은 일을 도 해요. 우리 몸을 자라게 하고 회복시키는 데 필요한 중요한 무기질이나 지방을 저장하죠. 심지어 우리 몸에서 많이 힘든 독특 안정하게 가두고 보관해요. 더 놀라운 건 뼈의 안쪽 깊은 곳에서는 스펀지처럼 생긴 해면 조직이 끝수가 피를 만든다는 사실이에요.

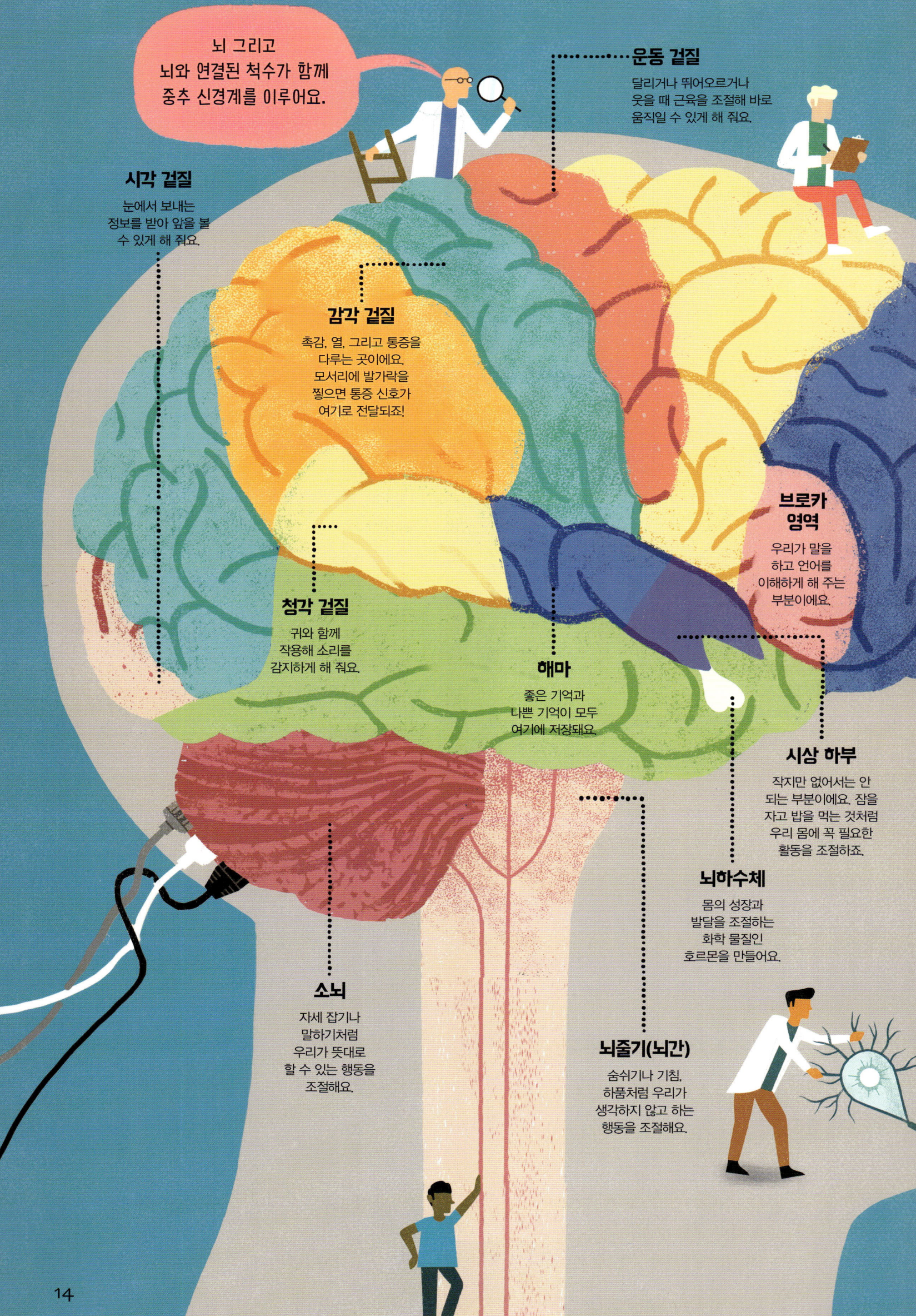

가까이 보면 인간의 뇌는 분홍색과 회색이 섞인 아주 커다란 호두처럼 보여요. 하지만 뇌는 전 우주를 통틀어 가장 복잡한 기계예요. 뇌는 우리가 움직이고, 생각하고, 기억을 떠올리고, 주변 세상을 느끼게 도와요. 우리 몸이 하는 거의 모든 일을 조절하죠. 뇌는 지금까지 만들어진 어떤 컴퓨터보다 더 강력한 장치랍니다.

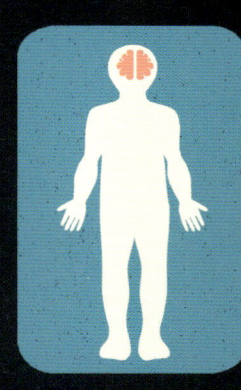

뇌는 우리 몸 통제 센터

자, 그럼 우리 몸을 통제하는 기관인 뇌를 자세히 들여다볼까요? 뇌는 860억 개나 되는 아주 특별한 세포로 이루어졌어요. 뉴런이라고 하는 이 신경 세포는 마치 나무처럼 가지를 뻗어 다른 뉴런과 연결되어 있어요. 그러면서 뇌의 여러 부분이 서로 정보를 주고받게 하죠.

슬기로운 건강 생활

우리 몸은 잠을 자는 동안 스스로 제 기능을 회복하고 아픈 부분을 고쳐요. 그래서 잠은 중요하죠. 그런데 뇌는 밤에도 깨어 있으면서 일을 해요. 우리가 자면서 꿈을 꿀 때 머릿속에서 뇌는 낮에 있었던 온갖 일과 정보를 처리한답니다. 그러니까 잠을 충분히 자는 게 좋겠죠?

뇌의 왼쪽 절반은 좌뇌, 오른쪽 절반은 우뇌라고 해요. 그런데 신기하게도 좌뇌는 몸의 오른쪽을 조절하고 우뇌는 몸의 왼쪽을 조절해요. 좌뇌는 우리가 읽고, 수를 계산하고, 말하는 것을 도와요. 우뇌는 음악과 미술 등의 예술 활동처럼 감정이 풍부하고 창의적인 일을 도맡아 하죠.

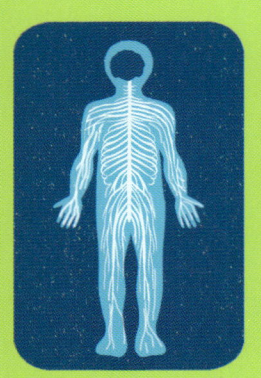

앞에서 살펴봤듯이 대단한 우리 뇌는 대단히 중요한 일을 해요. 쉬지 않고 정보를 받고 또 내보내서 우리가 야구공을 받고, 수학 문제를 풀고, 어떤 간식을 먹을지 결정하게 해 주죠. 뇌가 우리 몸의 통제 센터라면 정보가 이동할 통신망이 있어야겠죠? 바로 신경이 이 통신망을 구성한답니다.

정보를 전달하는 신경

많은 뉴런(신경 세포)이 다발로 모여 이루어진 신경은 우리 몸 전체에 신호를 전달해요. 신경에는 크게 두 가지가 있어요. '감각 신경'은 눈과 코, 피부 같은 우리 몸의 감각 기관에서 받은 정보를 모아 뇌에 전달해요. 끓는 물이 든 컵을 만졌을 때 컵이 뜨겁다고 뇌에 알려 주는 거죠. '운동 신경'은 뇌가 근육에 보내는 신호를 전달해서 움직이게 해요. 델 수도 있으니 그 컵에서 손을 떼라고 알려 주는 거예요. 정보는 신경을 타고 아주 빨리 전달돼요. 가장 빠른 뉴런은 무려 시속 430킬로미터의 빠르기로 신호를 전달해요. KTX보다도 빠르죠!

눈앞에 있는 토끼를 들어 올린다고 생각해 보세요. 뇌는 토끼가 어디에 있는지, 또 손은 어디에 있는지 알아야 해요. 그런 다음 털이 복슬복슬한 토끼를 향해 손을 뻗어서 천천히 들어 올리라고 말해야 하죠. 뇌는 이 모든 일을 신경의 도움으로 해낸답니다.

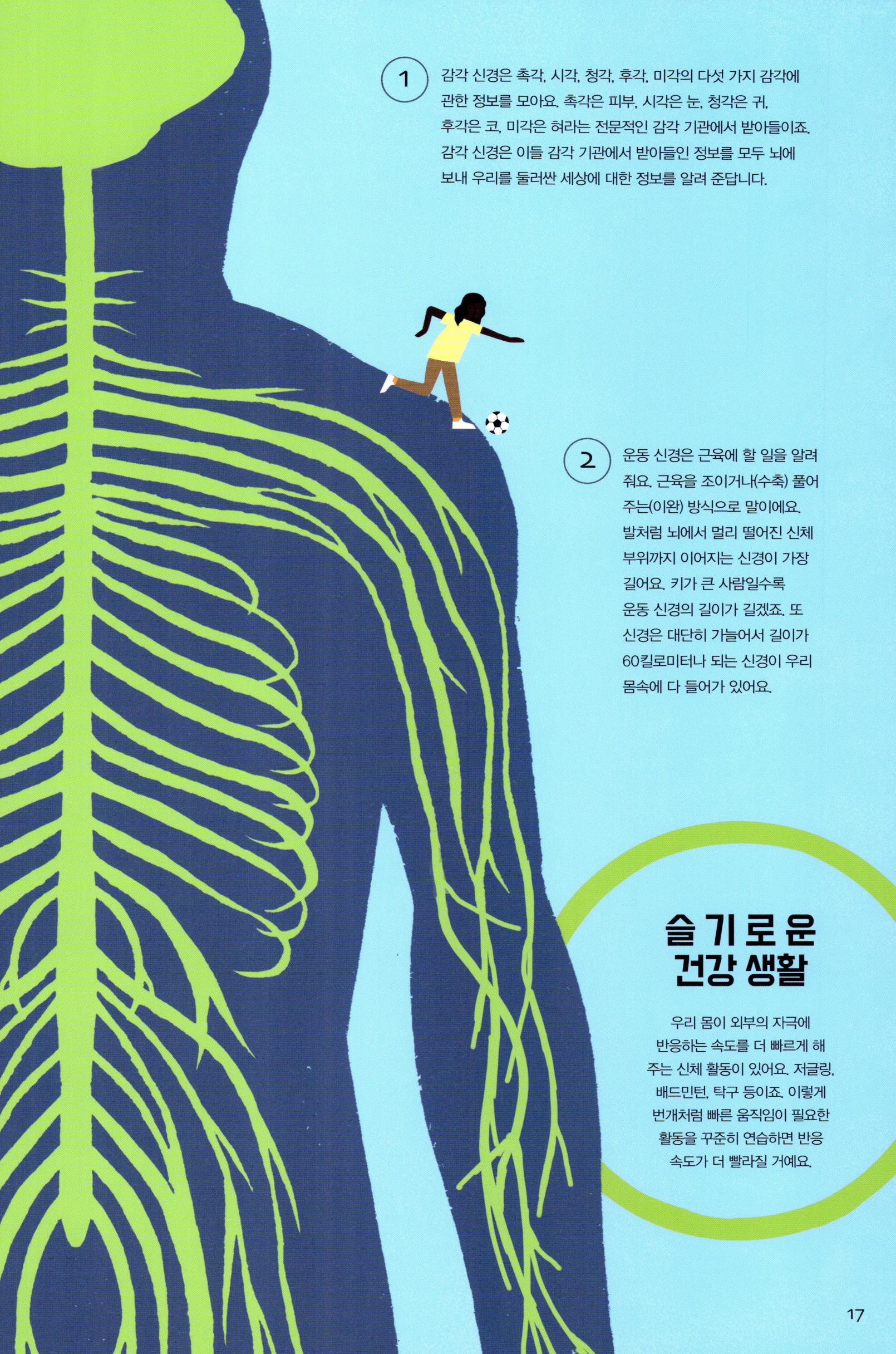

① 감각 신경은 촉각, 시각, 청각, 후각, 미각의 다섯 가지 감각에 관한 정보를 모아요. 촉각은 피부, 시각은 눈, 청각은 귀, 후각은 코, 미각은 혀라는 전문적인 감각 기관에서 받아들이죠. 감각 신경은 이들 감각 기관에서 받아들인 정보를 모두 뇌에 보내 우리를 둘러싼 세상에 대한 정보를 알려 준답니다.

② 운동 신경은 근육에 할 일을 알려 줘요. 근육을 조이거나(수축) 풀어 주는(이완) 방식으로 말이에요. 발처럼 뇌에서 멀리 떨어진 신체 부위까지 이어지는 신경이 가장 길어요. 키가 큰 사람일수록 운동 신경의 길이가 길겠죠. 또 신경은 대단히 가늘어서 길이가 60킬로미터나 되는 신경이 우리 몸속에 다 들어가 있어요.

슬기로운 건강 생활

우리 몸이 외부의 자극에 반응하는 속도를 더 빠르게 해 주는 신체 활동이 있어요. 저글링, 배드민턴, 탁구 등이죠. 이렇게 번개처럼 빠른 움직임이 필요한 활동을 꾸준히 연습하면 반응 속도가 더 빨라질 거예요.

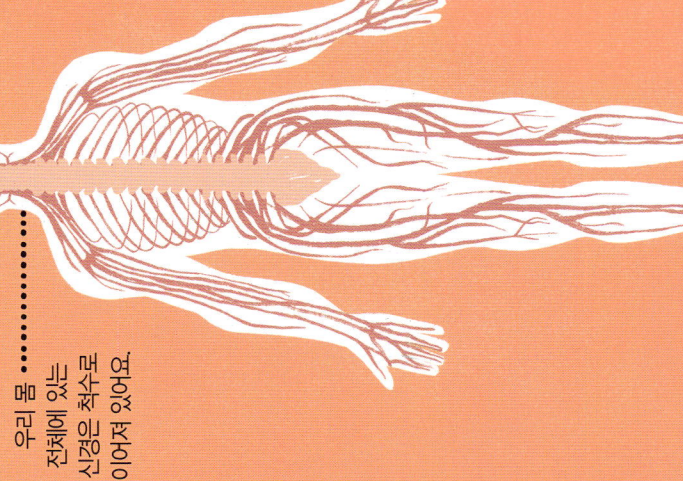

우리 몸 전체에 있는 신경은 척수로 이어져 있어요.

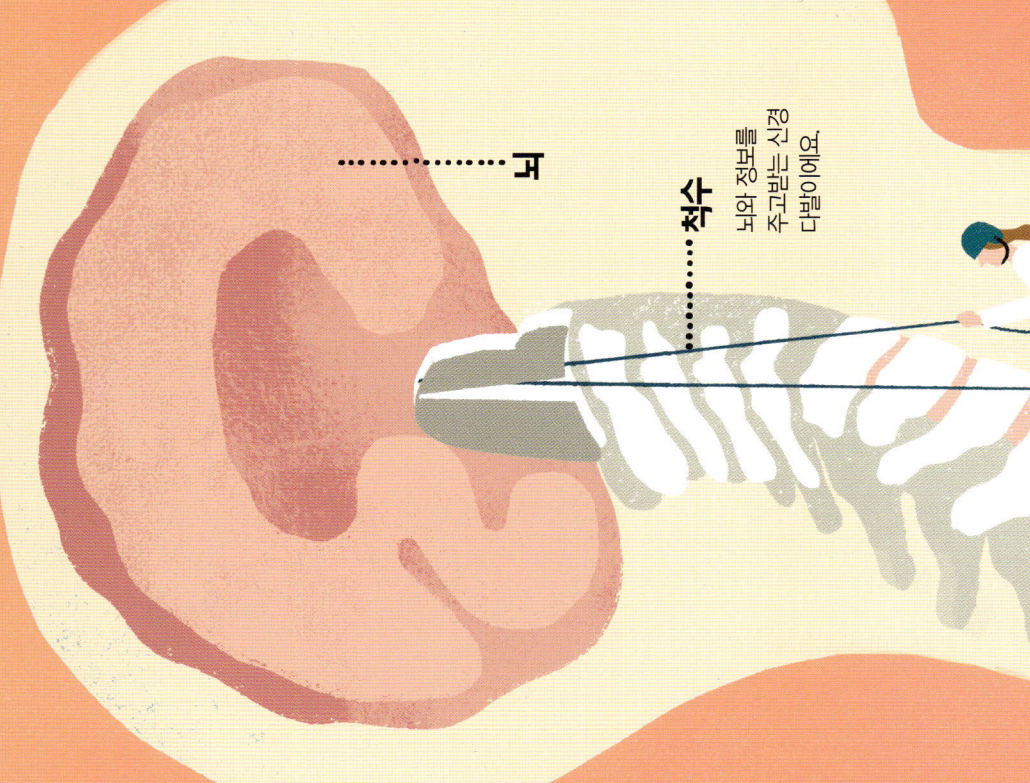

뇌

척수
뇌와 정보를 주고받는 신경 다발이에요.

척추뼈
연약한 척수를 보호해요.

척수를 보호하려면 척추가 아주 튼튼해야 해요. 동시에 척추는 우리가 몸을 구부릴 수 있게 움직일 수도 있어야 하죠. 실제로 척추는 이렇게 견고하면서도 유연해요. 척추뼈 사이에 있는 근육과 인대 덕분이죠. 인대는 뼈가 제자리에서 크게 벗어나지 않게 해 줘요. 또 각각의 척추뼈는 잘 감싸졌답니다.

슬기로운 건강 생활

척추를 건강하게 지키는 방법 알려 줄게요. 의자에 앉을 때는 등받이에 등을 바짝 붙이고 엉덩이를 안으로 쑥 넣어 앉아요. 책가방은 너무 무겁지 않게 하고 한쪽 어깨로만 매지 않도록 해요.

고

숨을 타연함 때 아마 목으로 이어지는 부분에 긴 줄이 매달려 있는 걸 봤을 거예요. 척수예요. 척수는 다치기가 매우 쉽기 때문에 척수 안에 안전하게 보관돼 있어요. 척추는 서로 층층이 쌓여 있는 울퉁불퉁한 33개의 척추뼈로 이루어졌죠. 목덜미에서부터 쭉 등을 쓸면서 내려오면 손에 딱딱하고 울퉁불퉁한 부분이 느껴지는데, 그게 바로 척추뼈예요. 성인이 되면 몇몇 뼈들이 합쳐져서, 척추뼈는 모두 26개가 된답니다.

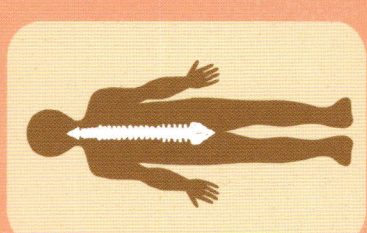

놀라운 척추

척수는 손가락 굵기만 한 신경 다발로 이루어졌어요. 몸의 각 부분에서 받아들인 정보가 신경을 타고 뇌로 휙 올라가면, 뇌에서 정보를 처리하고 다시 신경을 통해 근육에게 해야 할 일을 전달한다고 했죠? 이때 뇌와 몸의 나머지 부분을 연결하는 게 바로 척수예요. 따라서 척수는 정말 중요하답니다.

우리를 위험에서 보호하기 위해 몸이 아주 빠르게 반응해야 할 때가 있어요. 만약 실수로 뾰족한 압정을 밟았다면 깊이 생각할 시간이 없잖아요. 이럴 때 척수는 뇌를 거치지 않고 몸이 빨리 반응할 수 있게 지름길을 선택해요. 발바닥의 신경이 통증을 느끼고 신호를 전달하면, 척수가 곧바로 발을 떼라는 명령을 보내는 거죠.

신경은 우리를 안전하게 보호하기 위해 언제나 재빠르게 움직여요. 마치 무술의 고수처럼요. 발을 헛디뎌 넘어질 때 무의식도 모르게 손을 앞으로 뻗어 몸을 다치지 않게 보호하죠. 벌레가 얼굴로 날아오면 미처 생각할 시간도 없이 눈까풀을 깜빡거려 눈을 보호하고요. 이게 다 초고속으로 일하는 척수 덕분이랍니다.

연골(물렁뼈)
충격을 흡수해 척추뼈를 보호해요.

몸 구석구석에서 받아들인 정보는 척수 신경을 통해 척수로 전달돼요.

꼬리뼈
수백만 년 전 한때 인간에게 있었던 꼬리의 흔적이에요.

모든 것을 보는 눈

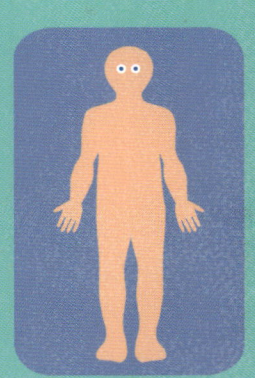

지금부터 눈을 부릅뜨고 잘 지켜보세요. 모든 것을 볼 수 있게 해 주는 장치인 눈을 들여다볼 거니까요. 눈은 우리를 둘러싼 세상을 보여 주는 멋진 일을 한답니다.

어른의 눈 크기는 탁구공만 해요. 머리뼈의 눈구멍이 눈의 뒤쪽을, 눈꺼풀이 눈의 앞쪽을 보호하죠. 눈꺼풀의 모퉁이에 있는 눈물샘에서는 눈물을 만들어요. 눈물은 눈의 표면을 항상 촉촉하게 해 주고, 먼지나 티끌이 눈에 들어갔을 때 씻어 내고, 병균과 싸우는 걸 도와요.

동공
빛이 들어가는 구멍이에요. 눈 한가운데 있죠. 밝은 곳에서는 작아지고 어두운 곳에서는 커지면서 눈에 들어오는 빛의 양을 조절해요.

상 (이미지)

공막
눈의 질기고 하얀 바깥층이에요.

홍채
색깔이 있는 작은 고리예요. 홍채의 근육이 수축하거나 이완해 동공의 크기를 조절해요.

눈이 하는 일은 빛을 감지해 상(이미지)으로 바꾸는 거예요. 사물에서 반사된 빛은 동공을 통해 들어와요. 그리고 수정체를 통과하면서 눈 뒤쪽에 있는 망막에 상이 거꾸로 맺히게 한답니다.

망막에는 두 가지 특별한 세포가 있어요. 막대세포(간상세포)는 빛, 모양, 움직임을 감지하고 원뿔 세포(원추 세포)는 색깔을 감지해요. 사람의 눈은 천만 가지가 넘는 색깔을 구분할 수 있지만, 원뿔 세포는 밝은 곳에서만 제대로 작동하기 때문에 어두운 곳에서는 모든 게 회색으로 보이는 거랍니다. 막대세포와 원뿔 세포가 모은 정보는 시신경을 타고 뇌까지 이동해요. 그러면 뇌는 정보를 처리하고 상의 위아래를 되돌려 놓기 때문에 우리가 세상을 거꾸로 보지 않아도 돼요.

눈은 수정체의 두께를 조절해 가까이 또는 멀리 있는 물체에 초점을 맞출 수 있어요. 그런데 어떤 사람은 가까이 있는 건 잘 보면서 멀리 있는 건 또렷하게 보지 못해요. 반대로 가까이 있는 걸 잘 볼 수 없는 사람도 있죠. 둘 다 수정체가 일을 제대로 못 하기 때문이에요. 이런 경우 콘택트렌즈나 안경을 껴서 수정체가 할 일을 대신하게 할 수 있어요.

슬기로운
건강 생활

너무 강한 햇빛은 눈을 망가뜨릴 수 있어요. 그래서 절대로 해를 직접 쳐다보면 안 된답니다. 햇빛이 강한 날 밖에서 활동을 해야 한다면 모자나 자외선 차단 기능이 있는 선글라스를 꼭 써서 눈을 보호해야 해요.

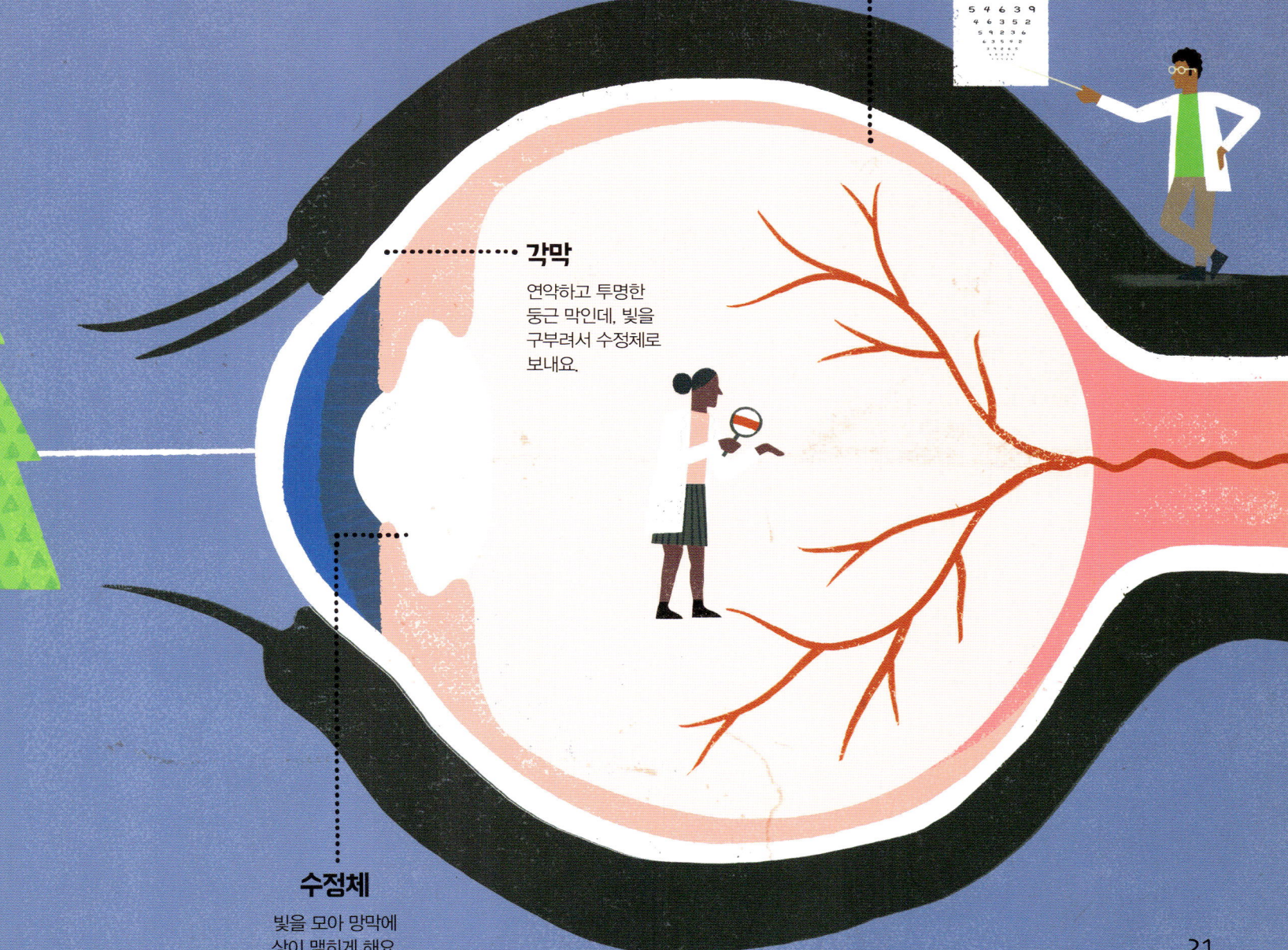

망막
망막 세포가 빛을 뇌에 보낼 신호로 바꿔요.

각막
연약하고 투명한 둥근 막인데, 빛을 구부려서 수정체로 보내요.

수정체
빛을 모아 망막에 상이 맺히게 해요.

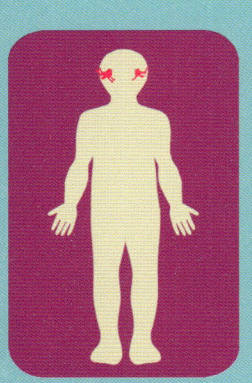

귀 는 세 부분으로 나뉘는데 그중에 머리 양옆으로 튀어나와 우리 눈에 보이는 귀는 외이예요. 중이와 내이는 머리뼈 깊숙이 들어 있죠. 한마디로 눈에 보이는게 다가 아니라는 말씀! 그럼 이제 귓속으로 떠나 볼까요?

저기요,

한 해 동안 귀에서 나오는 귀지의 양은 소주잔 하나를 채울 정도랍니다.

소리를 듣는 귀

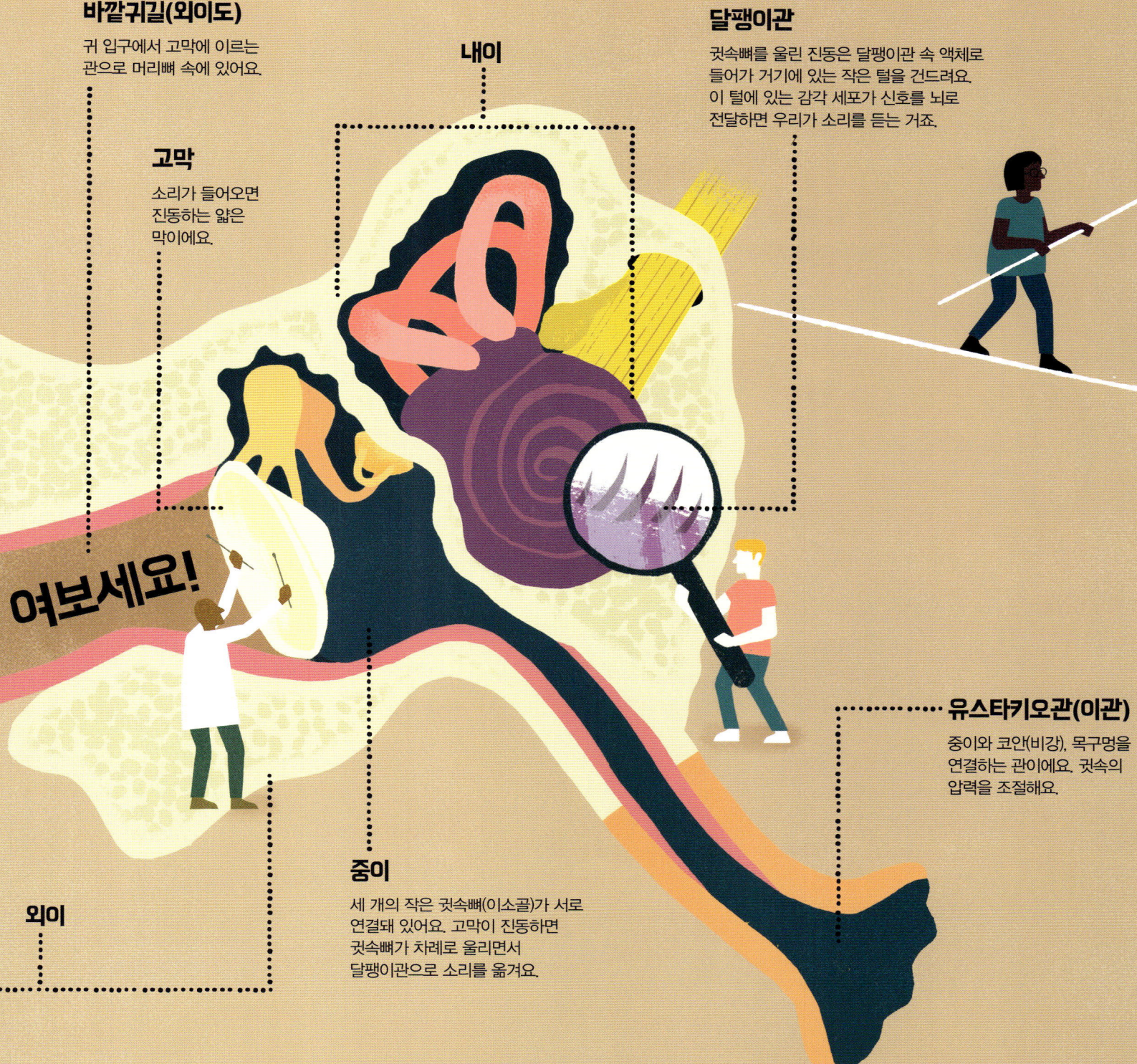

바깥귀길(외이도)
귀 입구에서 고막에 이르는 관으로 머리뼈 속에 있어요.

내이

달팽이관
귓속뼈를 울린 진동은 달팽이관 속 액체로 들어가 거기에 있는 작은 털을 건드려요. 이 털에 있는 감각 세포가 신호를 뇌로 전달하면 우리가 소리를 듣는 거죠.

고막
소리가 들어오면 진동하는 얇은 막이에요.

여보세요!

유스타키오관(이관)
중이와 코안(비강), 목구멍을 연결하는 관이에요. 귓속의 압력을 조절해요.

중이
세 개의 작은 귓속뼈(이소골)가 서로 연결돼 있어요. 고막이 진동하면 귓속뼈가 차례로 울리면서 달팽이관으로 소리를 옮겨요.

외이

귀는 우리가 소리를 듣는 것뿐만 아니라 균형을 잡는 것도 도와요. 내이의 달팽이관 옆에는 반고리관이 있어요. 반고리관은 액체가 차 있는 세 개의 관으로 이루어졌죠. 우리가 머리를 기울이면 반고리관 속의 작은 털 세포가 액체의 움직임을 느끼고 뇌에 신호를 전달해요. 그러면 뇌가 머리의 자세를 알고 균형을 잡게 도와주는 거예요. 작은 콩 크기만 한 달팽이관에는 1만 5000개의 털 세포가 있는데 다 모아도 겨우 시침 핀 머리 위에 올릴 수 있을 정도로 작아요.

귀는 끈적거리는 누런색 귀지를 만들어요. 귀지는 물과 먼지, 병균이 귓속에 들어오지 못하게 막아 주죠. 하지만 가끔 귀지가 너무 많이 생기면 고막으로 가는 길을 막아 소리가 잘 안 들릴 수도 있어요.

슬기로운 건강 생활

의사 선생님은 귀보개(검이경)라는 특별한 도구로 바깥귀길(외이도)을 볼 수 있어요. 귀에 귀지가 너무 많으면 의사 선생님이 조심해서 귓속에 물을 떨어뜨리거나 귀지를 녹이는 약물을 넣어 귀지를 빼요. 절대로 혼자서 도구를 사용해 귀를 파면 안 돼요. 귀는 아주 민감한 기관이라 상처가 나기 쉽거든요.

냄새를 맡는 코

이 제 콧구멍으로 들어가 우리 몸의 냄새 본부를 탐험할 거예요. 냄새는 우리를 둘러싼 세상에 대해 말해 주죠. 그래서 코는 아주 중요한 신체 기관이랍니다.

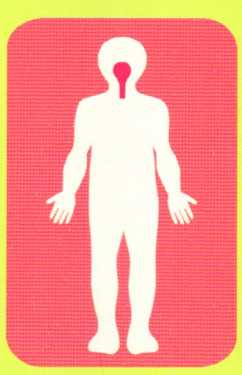

코가 우리를 보호해 준다는 사실을 알고 있나요? 우유를 마시려고 컵을 입에 댔다가 고약한 냄새를 맡고 도로 내려놓았다고 상상해 보세요. 코가 냄새를 맡지 못했다면 아마 배탈이 난 뒤에야 우유가 상했다는 사실을 알게 됐을 거예요. 위험한 가스가 새어 나오거나 불이 나서 연기가 피어오를 때처럼 위험한 순간에도 코가 냄새를 맡아 알려 주죠.

슬기로운 건강 생활

감기에 걸리면 우리 몸은 끈적한 액체인 점액을 많이 만들어 감기를 일으키는 병균이 들어오지 못하게 해요. 그래서 콧물이 나는 거예요. 감기에 걸리면 따뜻한 물을 많이 마시고 몸을 따뜻하게 하세요. 참, 콧물 색깔을 확인해 보는 것도 좋아요. 콧물의 색깔이 많은 걸 말해 주거든요.

누런색 또는 초록색

누런색 콧물이 나오면 병균에 감염됐다는 뜻이에요. 병균과 싸우다 죽은 세포의 색깔이 노랗거든요. 감염이 더 심해지면 초록색 콧물이 나온답니다.

코는 우리가 숨 쉬는 것을 도와요. 그리고 공기를 걸러 주는 특별한 역할도 맡고 있어요. 우리가 콧물이라고 부르는 끈적한 액체인 점액을 만들어 코로 숨을 쉴 때 먼지나 병균이 몸속에 들어가지 못하게 가두거든요. 콧물이 마르면 코딱지가 되죠.

갈색 또는 빨간색

콧물이 갈색 또는 빨간색이면 코를 너무 세게 풀었거나 심하게 파서 콧속의 연약한 혈관에 상처가 났다는 뜻이에요.

짙은 회색

콧물이 시커먼 색이면 더러운 먼지가 많은 곳에 있다는 뜻이에요.

어떤 냄새를 맡으면 옛날 기억이 떠오르기도 해요.

냄새는 냄새가 나는 물체의 아주 작은 입자들로 되어 있어요. 이 입자는 공기 중에 떠다니고요. 꽃에 코를 대고 킁킁거리면 꽃의 아주 작은 일부가 코로 들어와요. 개똥에 코를 대고 킁킁거리면 개똥의 아주 작은 일부가 코로 들어오고요(전혀 해가 되진 않으니 걱정하지는 말아요!). 콧구멍으로 기어 들어가 코 뒤쪽까지 올라가면 아주 민감한 신경이 있는 특별한 부분이 있어요. 여기에 있는 세포가 코로 들어온 냄새 입자를 감지해 뇌에 신호를 보내면 뇌는 냄새의 정체를 확인해요. 놀라지 말아요. 사람의 코는 1조 가지나 되는 냄새를 구별할 수 있답니다!

코와 입은 뒤쪽에서 서로 연결돼 있어요. 그래서 맛과 냄새는 아주 밀접한 관계가 있죠. 보통 냄새가 음식의 맛을 결정하거든요. 감기에 걸려 코가 꽉 막혔을 때 음식에서 아무 맛도 안 느껴지는 게 이러한 까닭이에요.

이를 닦기 전에 치실로 치아 사이에 낀 음식물 찌꺼기를 없애는 게 좋아요.

법랑질(에나멜질)
음식을 씹을 수 있도록 치아를 단단하게 하고 상아질을 보호해요. 법랑질에는 신경이 없어서 아무 느낌이 없어요.

치아 속질(치수)
신경과 혈관이 들어 있어요.

꼭꼭 씹는 치아

치아는 정말 중요해요. 치아가 없으면 우리는 밥을 씹을 수도, 채소나 과일을 베어 물 수도 없죠. 그럼 다 같이 치아를 탐험해 볼까요? 참, 질겅질겅 씹힐 수도 있으니 조심해야 해요!

치아는 음식물을 잘게 쪼개어 침과 섞는 일을 해요. 바로 소화의 첫 번째 과정이죠. 소화는 음식물을 분해해 몸이 성장하고 스스로 회복하는 데 필요한 에너지를 만드는 과정이에요. 사람의 치아에는 네 가지 종류가 있는데, 저마다 특별히 맡은 일이 있답니다.

뿌리
치아를 턱에 고정시켜요.

슬기로운 건강 생활

혹시 단것을 좋아하나요? 안타깝게도 우리의 치아는 아니랍니다! 사람의 입속에 사는 병균은 당분을 먹고 살면서 치아의 법랑질(에나멜질)을 공격해 썩게 만들죠. 그러면 그 아래 있는 상아질이 드러나면서 치아가 아픈 거예요. 올바른 방법으로 양치질을 잘하면 음식 찌꺼기와 병균을 없앨 수 있어요. 또 치과에도 정기적으로 가서 검진을 받으면 문제가 커지기 전에 미리 발견하고 치료할 수 있답니다.

상아질
법랑질보다 부드럽고 민감한 조직층이에요.

치아는 우리가 태어나기 전부터 자라기 시작하지만, 태어난 지 6개월이 지나야 첫 번째 치아인 젖니(유치)가 눈에 보이기 시작해요. 치아는 잇몸을 뚫고 나와요. 잇몸은 치아를 제자리에 고정하죠. 여섯 살이 지나면 큰 영구치가 새로 자라면서 젖니를 밀고 나와요. 젖니가 빠진 자리에 영구치가 올라오는 게 보일 때도 있답니다.

어른이 되면 입의 맨 안쪽으로 위아래, 왼쪽과 오른쪽에 각각 하나씩 모두 네 개의 치아가 새로 자라요. 이 치아의 이름은 사랑니예요. 아무도 사랑니가 나오는 이유를 정확히 알지 못해요. 오래 사용해 닳아 버린 어금니를 바꿔 주기 위해 사랑니가 나는 거라고 생각하는 사람들도 있죠.

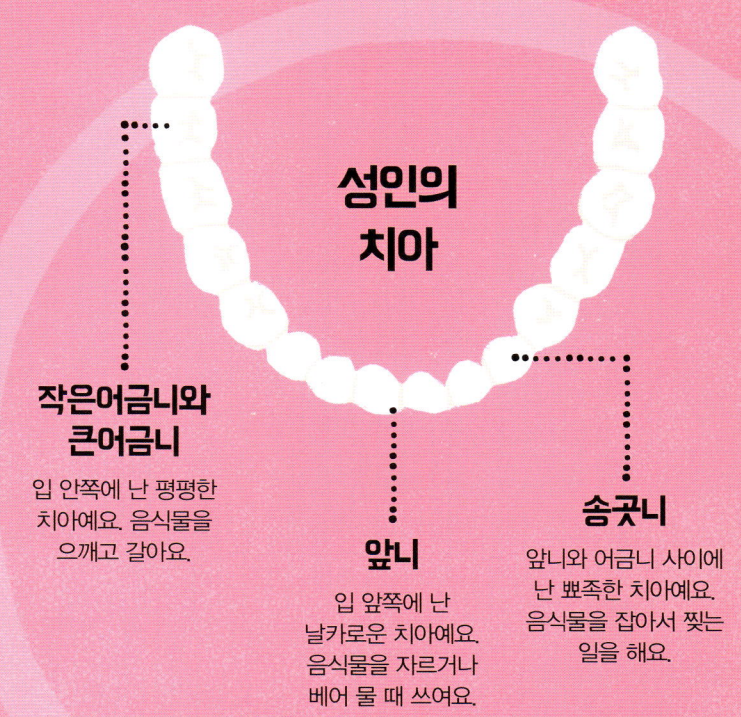

성인의 치아

작은어금니와 큰어금니
입 안쪽에 난 평평한 치아예요. 음식물을 으깨고 갈아요.

앞니
입 앞쪽에 난 날카로운 치아예요. 음식물을 자르거나 베어 물 때 쓰여요.

송곳니
앞니와 어금니 사이에 난 뾰족한 치아예요. 음식물을 잡아서 찢는 일을 해요.

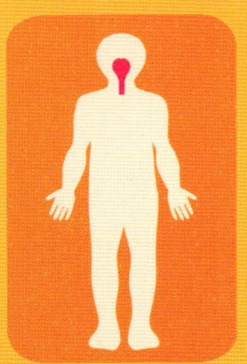

스

파게티를 맛있게 먹고 있을 때 입은 아주 열심히 일을 한답니다. 우리가 먹은 음식물이 식도를 타고 위로 내려가 창자를 거쳐 마침내 몸 밖으로 빠져나가는 데 총 24~72시간이 걸려요. 이 긴 여행에서 첫 번째로 거쳐 지나는 곳이 바로 입이랍니다.

맛보고 분해하는 입

입이 하는 일을 살펴볼까요? 음식물이 들어가면 입에서 침이 나와요. 그럼 음식물을 씹기에 좋고 부드럽게 삼킬 수도 있죠. 게다가 침에는 효소라는 특별한 화학 물질이 있어요. 이 효소가 음식물을 분해하면서 소화가 시작된답니다.

음식물을 씹을 때 혀는 표면의 혀 유두라는 작은 돌기 안에 있는 맛봉오리(미뢰)를 사용해 음식의 맛을 봐요. 혀에는 맛을 감지하는 이런 특별한 장치가 약 1만 개나 있어서 우리가 먹은 음식에 대한 정보를 뇌에 전달하죠. 맛봉오리는 단맛, 신맛, 짠맛, 쓴맛, 감칠맛, 이렇게 다섯 가지 맛을 느낄 수 있어요.

입에서 잘게 잘린 음식물이 향하는 곳은 위예요. 이때 음식물을 위까지 운반하는 관을 식도라고 해요. 음식물을 목구멍 뒤로 밀어 주는 것은 혀고요. 목구멍 뒤쪽에 있는 신경이 음식물을 감지해 뇌에 알리면 뇌는 식도에 있는 근육에 수축하라고 명령을 내려요. 그러면 식도는 마치 치약을 짜듯 움직여 음식물을 위까지 내려보낸답니다.

슬기로운 건강 생활

밥을 빨리 먹을수록 많이 먹게 돼요. 뇌에서 배부르다는 신호가 오기까지는 시간이 좀 걸리거든요. 그래서 텔레비전을 보면서 밥을 먹는 건 좋지 않아요. 텔레비전에 집중하다 보면 밥을 빨리 먹게 되고 결국 너무 많이 먹게 될 테니까요.

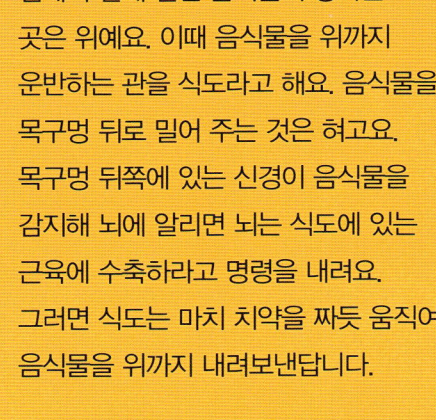

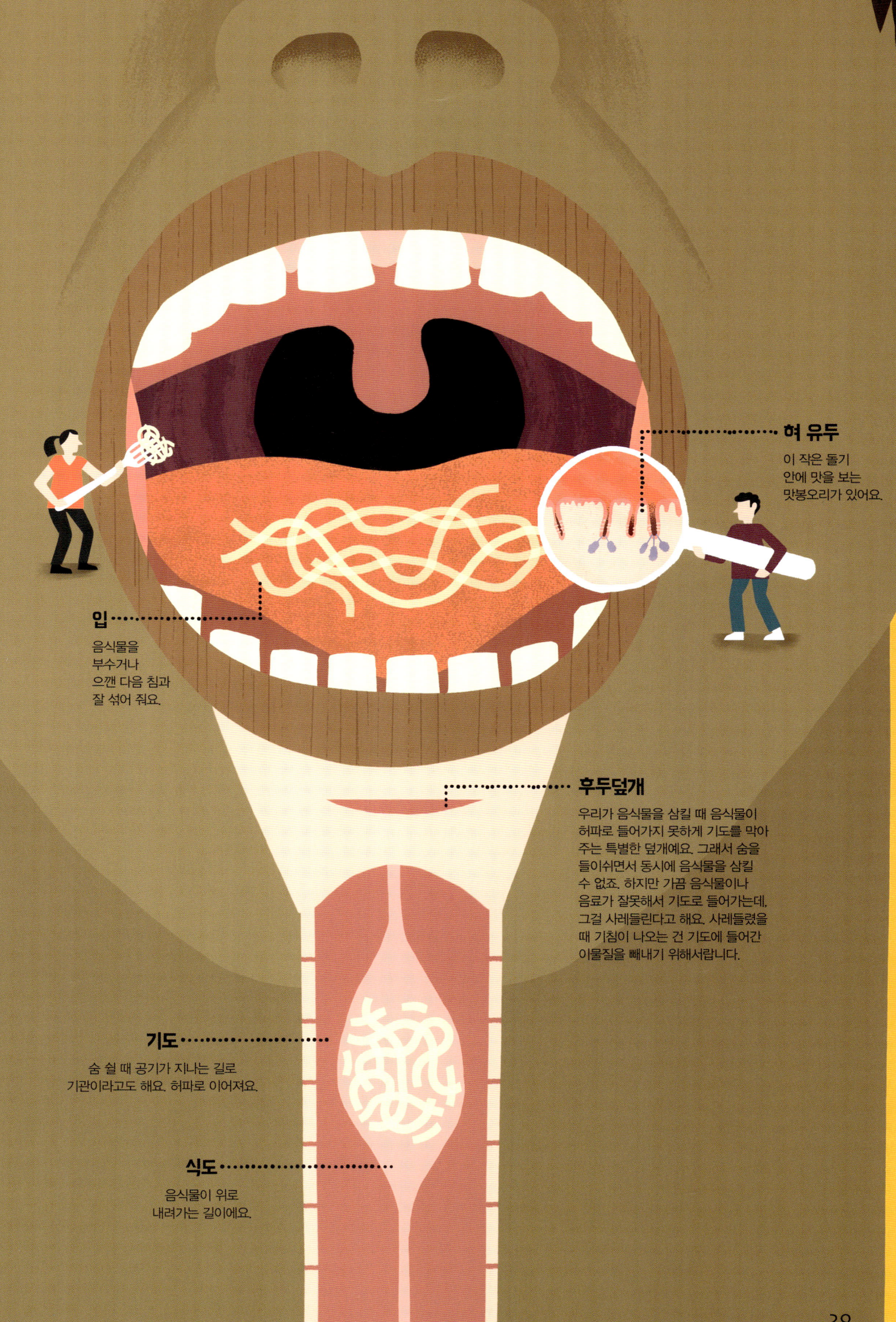

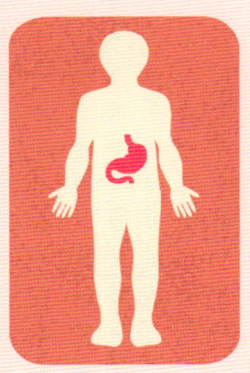

이

제 입으로 들어온 스파게티가 침과 잘 섞여 식도를 타고 위로 내려갑니다. 스파게티는 입안에서 이미 잘게 잘렸지만, 위에 들어가면 더욱더 잘게 으깨져요. 그래야 음식물에 있는 좋은 영양분이 빠짐없이 잘 빠져나오거든요. 이렇게 죽처럼 되어 버린 스파게티는 몸에서 소화하고 흡수하기 더 쉬워진답니다.

늘었다 줄었다
위

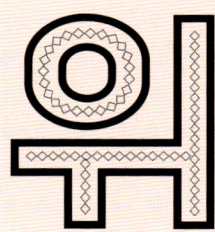
쥐어짜기

그런데 위는 어디에 있을까요? 배꼽 근처에 있을 거라고 생각한 친구들도 있겠지만, 위는 그보다 훨씬 위쪽에 있어요. 가슴 왼쪽으로 가슴뼈 바로 아래에 있답니다.

창자

슬기로운 건강 생활

단것을 지나치게 많이 먹으면 이자가 인슐린을 너무 많이 분비하느라 지친 나머지 세포가 아예 단것에 반응하지 않게 될지도 몰라요. 그런 상태를 제2형 당뇨병이라고 하는데, 이 병에 걸리면 평생 약을 먹으며 살아야 해요. 그래서 단것을 너무 많이 먹지 말라고 하는 거랍니다.

위는 잘 늘어나기 때문에 많은 양의 음식물이 들어갈 수 있어요. 원래 크기의 무려 스무 배나 늘어나거든요. 우리가 양껏 밥을 먹고 나면 배가 부르다는 신호가 뇌에 전달된답니다. 사람은 일생 동안 평균 총 20톤의 음식을 먹어요. 코끼리 네 마리의 무게와 맞먹는 양이죠!

늘리기

위

자, 드디어 위 속에 도착했어요! 신축성이 좋은 주머니처럼 보이네요. 위의 근육은 조여졌다 풀어졌다 하면서 음식물과 위산을 한데 섞어 질척한 죽처럼 만들어요. 위산은 위액 속에 들어 있는 산성 물질을 말해요. 위산이 음식물을 녹일 정도로 강하기 때문에 위벽에서는 뮤신이라는 점액을 분비해 위벽을 보호해요. 그렇다고 해도 1분마다 약 100만 개의 위 세포가 죽는답니다. 물론 걱정은 안 해도 돼요. 부지런한 우리 몸이 새로운 세포로 빠르게 교체해 주니까요. 음식물이 죽처럼 되면 위의 근육이 창자로 밀어 보내요.

이자(췌장)

이자는 작고 물렁물렁한 기관으로, 췌장이라고도 해요. 위의 뒤쪽에 있으면서 음식물을 분해하는 특별한 효소를 만들죠. 이자는 피에 들어 있는 당의 양도 조절해요. 음식물이 소화되면서 만들어진 당이 핏속으로 들어가면, 이자에서 인슐린이라는 화학 물질을 분비해요. 인슐린은 우리 몸속에 있는 세포에게 남는 당을 저장하라는 명령을 내려요. 그렇게 핏속 당의 양이 일정하게 유지되죠. 하지만 제1형 당뇨병에 걸린 사람들은 이자가 제대로 작동하지 않아서 밥을 먹고 나면 인슐린을 주사로 직접 혈관에 넣어 줘야 한답니다.

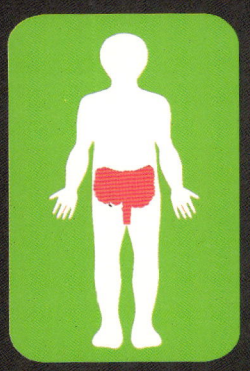

구

불구불 창자를 따라 탐험할 준비가 됐나요? 창자는 위의 바닥에서 시작해 항문까지 이어지는 아주 기다란 관이에요. 창자는 우리가 먹은 음식물에서 우리 몸에 필요한 좋은 영양분을 흡수하는 일을 한답니다.

구불구불 길고 긴 창자

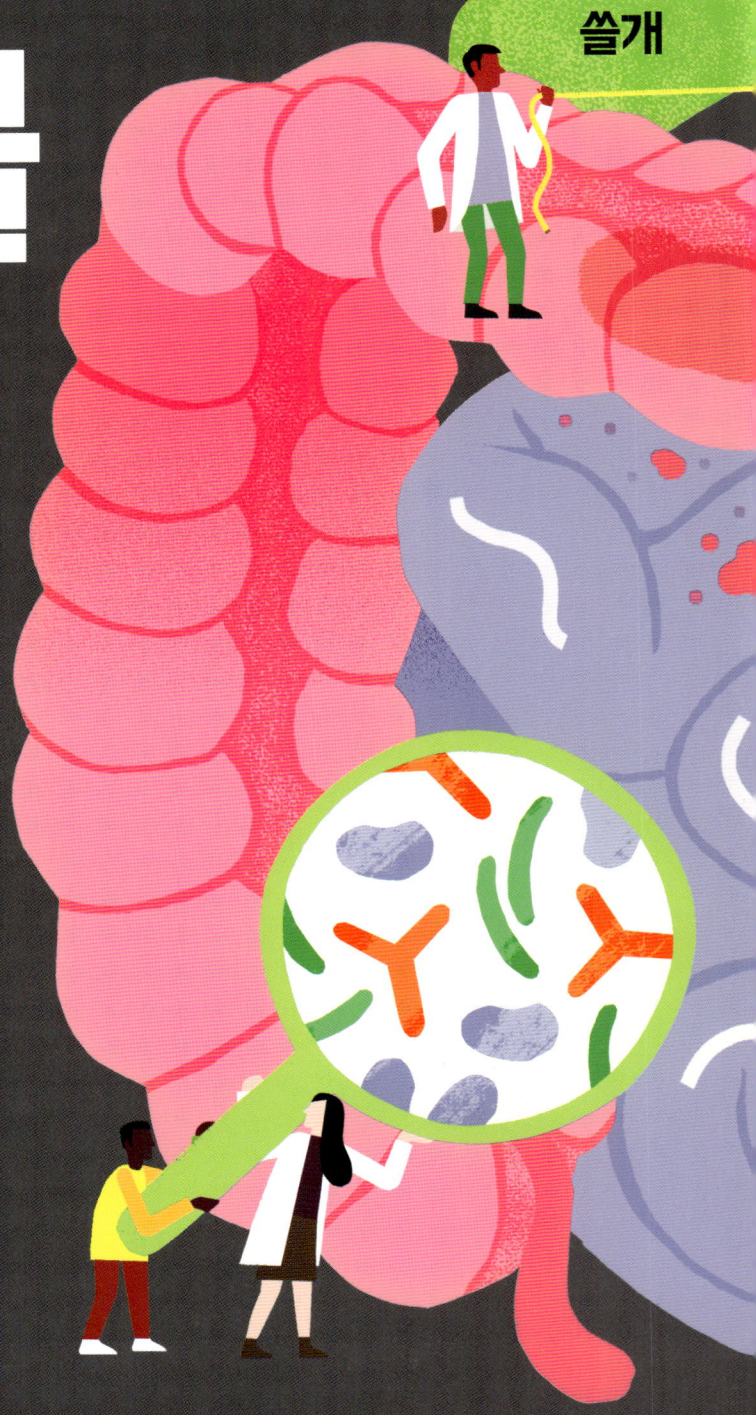

쓸개

창자는 크게 작은창자와 큰창자 둘로 나뉘어요. 소화는 대부분 작은창자에서 이루어져요. 어른의 작은창자는 다 펴면 길이가 약 5미터나 되는데, 거의 이층 버스의 높이와 맞먹는 정도랍니다. 하지만 위의 아래쪽에 구불구불 잘 접혀 있죠.

음식물이 감지되면 이자는 창자에 여러 종류의 효소를 분비해요. 이 효소들은 음식물이 작은창자를 지나갈 때 영양분이 쉽게 혈관으로 흡수되도록 음식물을 분해하는 것을 돕죠. 창자에 있는 장내 세균도 음식물을 분해하는데, 이때 가스가 만들어져요. 그게 바로 우리가 뀌는 방귀예요. 재밌는 사실을 알려 줄까요? 사람이 하루에 뀌는 방귀로 풍선 하나를 불 수 있답니다!

소화 중인 음식물이 큰창자를 통과하는 데 16시간 정도가 걸려요. 큰창자에서 마지막으로 음식물에 있는 물과 영양분을 몸에 흡수하죠. 그리고 난 뒤 남은 찌꺼기는 더는 필요가 없어요. 그게 바로 똥이죠!

쓸개(담낭)

간 바로 밑에 있는 작고 부지런한 기관이에요. 쓸개는 간에서 만든 담즙을 저장했다가 음식물이 들어오면 작은창자에 분비해요. 담즙은 마치 주방 세제가 기름기를 없애는 것처럼 지방을 분해하는 걸 돕는답니다.

슬기로운 건강 생활

똥은 모양과 크기가 아주 다양해요. 배탈이 나면 대개 설사를 해요. 우리 몸은 병균을 씻어 내리고 똥을 묽게 만드는데, 이 묽은 똥이 바로 설사예요. 똥이 잘 나오지 않을 때도 있죠. 그런 증상을 변비라고 해요. 물을 많이 마시지 않거나 채소를 잘 먹지 않으면 변비에 걸릴 수 있답니다.

작은창자

소화의 대부분이 작은창자에서 일어나요.

큰창자

작은창자에서 소화된 음식물이 큰창자로 내려와 소화가 마무리돼요.

창자

우리는 똥을 큰창자의 맨 아래에 저장했다가 화장실에 갈 때 몸 밖으로 배출해요. 똥에는 노폐물뿐만 아니라 몸에서 내보내야 하는 세균과 화학 물질이 가득해요. 따라서 용변을 본 뒤에는 세균들이 남아 있지 않도록 손을 깨끗이 씻는 게 중요하겠죠?

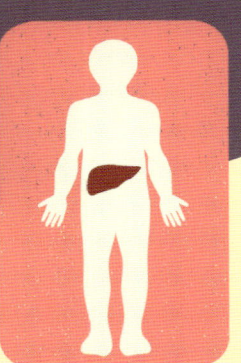

탑 못하는 게 없는 간

험의 다음 목적지는 간이에요. 우리 몸에서 가장 크고 가장 바쁜 내장 기관이죠. 간은 500가지가 넘는 다양한 일을 하거든요. 능력이 얼마나 뛰어난지 상처가 나도 스스로 치료하고 심지어 일부가 잘려 나가도 다시 자란답니다!

어느 쪽으로 가야 간에 도착하느냐고요? 간은 우리 몸의 오른쪽에 있어요. 위의 바로 옆에요. 이제 길쭉한 삼각형 모양의 간이 보이죠? 갈비뼈의 아랫부분이 간을 보호한답니다.

간에서는 많은 일이 일어나고 있어요. 창자에서 흡수한 모든 영양분이 큰 혈관을 통해 운반돼 오면 이제 간이 나설 차례예요. 간은 당을 쪼개서 몸에 필요한 에너지를 만들어요. 그리고 이자에서 분비된 인슐린이 지시를 내리면 간은 남는 당을 필요할 때까지 저장해 두죠. 또 간은 지방을 분해하는 담즙을 만들어 쓸개에 저장하는 일을 한답니다.

슬기로운 건강 생활

간은 몸속의 독소를 없애 우리 몸을 지켜 줘요. 독이 되는 음식을 너무 많이 먹으면 간이 힘들겠죠? 그래서 의사 선생님이 어른들에게 술을 너무 많이 마시지 말라고 하는 거예요. 술은 간이 해독해야 하는, 몸에 해로운 음료거든요.

간은 정말 부지런해요. 오래된 적혈구를 처리하고 우리 몸속에 몰래 들어온 병균을 죽여서 피를 깨끗이 청소하는 일도 하거든요. 그것도 모자라 우리 몸에 해로운 독소를 분해하는 화학 물질도 만들죠. 이렇게 중요한 간이 스스로 상처까지 치료할 수 있다니 얼마나 다행이에요! 게다가 간은 다시 자란다고 했잖아요. 그래서 간이 병들어 제 역할을 못 하는 사람에게 간을 떼어 줄 수도 있답니다.

청소 전문가
콩팥

콩팥 정맥
콩팥에서 노폐물이 걸러진 뒤 피가 나가는 혈관이에요.

콩팥 동맥
심장에서 콩팥으로 피가 들어가는 혈관이에요.

콩팥
맨 아래쪽 갈비뼈 바로 밑에 몸의 양쪽으로 하나씩 모두 두 개의 콩팥이 있어요.

오줌관(수뇨관)
이 관을 타고 오줌이 내려가 방광에 저장돼요.

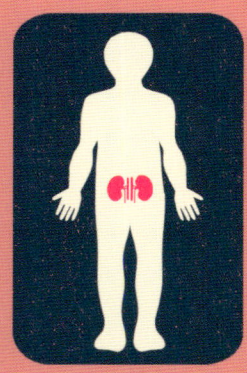

평

소에 우리는 콩팥에 큰 관심이 없어요. 그런데 사실 콩팥은 우리 몸을 청소하는 중요한 장치예요. 콩팥이 없으면 우리는 살 수 없죠. 그럼 콩팥을 살펴보며 힘내라고 응원해 볼까요?

신장이라고도 하는 콩팥은 꼭 강낭콩처럼 생겼어요. 콩팥은 우리 몸의 세포들에 더는 필요하지 않은 노폐물을 처리해 줘요. 노폐물이 피에 계속 남아 있다면 몸에 독이 될 수 있거든요. 그래서 콩팥은 피를 걸러 적혈구나 산소처럼 몸에 남겨 둬야 할 것들과 몸에서 내보내야 할 쓰레기를 분리한답니다.

더 자세히 말하면 피는 네프론이라는 콩팥단위에서 걸러져요. 양쪽 콩팥에 네프론이 각각 100만 개쯤 있어요. 네프론은 핏속의 노폐물과 물이 오줌으로 빠져나가게 하고 중요한 세포나 영양분은 피에 남아 있게 해요. 피를 거를 때 잘못해서 우리 몸에 필요한 화학 물질이 빠져나갈 때가 있는데, 걱정할 필요는 없답니다. 영리한 네프론이 붙잡아서 도로 혈관에 넣어 주니까요.

슬기로운 건강 생활

콩팥을 위해 물을 충분히 마시는 게 정말 중요해요. 오줌의 색깔을 보면 물을 충분히 마셨는지 아닌지 알 수 있죠. 물을 많이 마시지 않았을 때는 오줌이 아주 진해져서 어두운 노란색이 돼요. 물을 많이 마셨을 때는 아주 옅은 노란색이거나 거의 투명해 보이고요. 가장 좋은 색깔은 너무 어둡지도 밝지도 않은 적당히 밝은 노란색이에요.

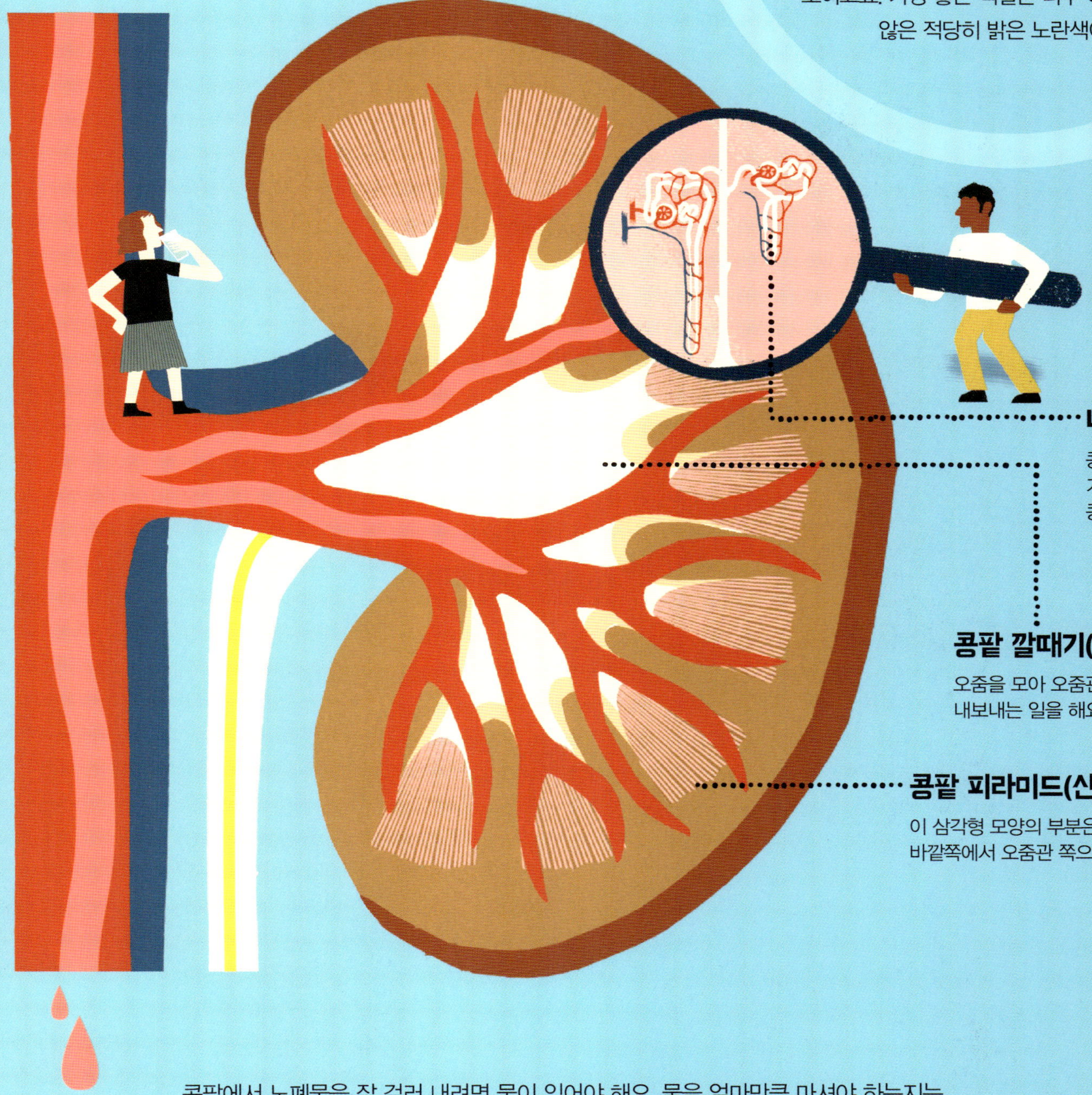

네프론(콩팥단위)
콩팥에서 피를 거르는 기본 단위를 말해요. 콩팥에 수백만 개가 있어요.

콩팥 깔때기(신우)
오줌을 모아 오줌관으로 내보내는 일을 해요.

콩팥 피라미드(신추체)
이 삼각형 모양의 부분은 오줌을 콩팥 바깥쪽에서 오줌관 쪽으로 운반해요.

콩팥에서 노폐물을 잘 걸러 내려면 물이 있어야 해요. 물을 얼마만큼 마셔야 하는지는 그때그때 달라요. 무더운 여름날에는 땀으로 물이 빠져나가니까 평소보다 물을 더 마셔야 하죠. 물은 과일이나 채소에도 많이 들어 있답니다. 물론 과일이나 채소에는 다른 좋은 영양분도 많이 들어 있으니 잘 먹는 게 좋겠죠?

콩팥이 없으면 노폐물이 몸속에 쌓여 독이 돼요. 콩팥이 제 기능을 하지 못하는 사람들은 투석이라는 방법을 사용해요. 기계가 콩팥을 대신해 피를 걸러 주죠.

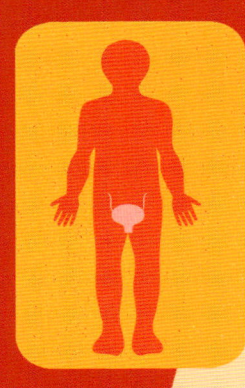

콩

팥이 걸러 낸 물과 노폐물은 오줌이 되어 방광에 모여요. 방광이 하는 일은 아주 간단한 것처럼 보이지만, 오줌을 모아서 가지고 있다가 적당한 때에 몸 밖으로 배출하려면 놀라운 기술이 필요하답니다.

오줌 보관소 방광

일단 코부터 막아요. 방광 안은 지린내 나는 오줌투성이니까요. 방광은 풍선과 비슷해요. 방광 벽을 이루는 세포가 유난히 신축성이 좋거든요. 그 덕분에 원래의 크기보다 몇 배나 많이 늘어날 수 있죠. 방광은 보통 350밀리리터 정도의 오줌을 보관하지만, 500밀리리터까지도 담을 수 있어요.

방광의 바닥은 골반 저근이라는 근육으로 둘러싸여 있어요. 골반 저근은 우리가 화장실에 갈 때까지 오줌이 새지 않게 방광의 출구를 꼭 조여 주죠. 방광이 가득 차서 방광 벽이 늘어나면 신경이 그걸 감지하고 뇌에 알려요. 방광이 절반쯤 차면 오줌이 마렵다는 생각이 들기 시작해요. 계속해서 방광이 채워지면 신경이 보내는 신호가 점점 강해져서 더는 참을 수 없게 되고요.

우리는 오줌이 마려우면 별 생각 없이 화장실로 가서 해결하지만, 오줌이 나오는 과정은 아주 조심스럽게 진행된답니다. 먼저 방광을 둘러싼 배뇨근이라는 특별한 근육층이 수축하면서 방광을 쥐어짜요. 이때 방광 아래의 골반 저근이 조였던 방광의 출구를 풀어 주죠. 그러면 방광에 고여 있던 오줌이 요도를 타고 내려가 밖으로 배출된답니다.

슬기로운 건강 생활

살다 보면 너무 오줌이 마려운 나머지 화장실에 도착하기도 전에 실수할 때가 있죠. 누구나 겪을 수 있는 일이랍니다. 방광의 근육이 지나치게 흥분해 방광을 쥐어짜는 바람에 오줌이 나오고 마는 거예요. 또 어떤 사람은 잠을 자다가 이불을 적시기도 해요. 이런 일이 자주 일어나면 의사 선생님은 일정한 시간 동안 오줌을 참는 연습을 통해 방광 훈련을 시켜요. 잠들기 전에 물이나 음료를 마시지 않는 것도 한 방법이랍니다.

오줌관
콩팥에서 오줌이 내려오는 관이에요.

자, 이제 화장실에 갈 시간이에요!

방광
오줌이 저장되는 곳이에요.

오줌

요도
오줌을 몸 밖으로 내보내는 관이에요.

골반 저근

쉬지 않고 뛰는 심장

손으로 주먹을 쥐어 보세요. 주먹 크기가 여러분의 심장 크기와 비슷하답니다. 콩콩 뛰는 심장은 순환계에서 가장 중요한 기관이에요. 순환계란 몸 전체에 피를 돌게 하는 기관들을 말해요. 심장은 큰 펌프와 같아요. 우리 몸속의 모든 세포가 필요한 산소를 받을 수 있도록 신선한 피를 온몸에 보내는 일을 한답니다.

심장에는 방이 모두 네 개 있어요. 오른쪽과 왼쪽에 각각 두 개씩 있죠. 각 방의 입구에는 판막이 있어서 방으로 들어간 피가 거꾸로 흐르는 걸 막아 줘요.

심장은 두꺼운 근육인 심장근으로 되어 있어요. 심장이 한 번 뛰는 것은 심장근이 한 번 수축해서 피를 펌프질하는 거예요. 심장에서 출발한 피가 우리 몸을 한 바퀴 도는 데는 1분쯤 걸린답니다. 심장은 이주 열심히 일해요. 하루에 지구의 지름보다도 긴 1만 9000킬로미터나 피를 운반하죠. 그리고 우리가 죽을 때까지 잠시도 쉬지 않고 일한답니다.

들러리 따라나는 아무거나 꼭 붙잡아요. 이제 몸속 구석구석을 흐르는 피를 타고 여러분을 따라 다음 탐험지인 심장으로 들어갈 테니까요.

① 우리 몸을 돌고 난 피는 대정맥을 타고 심장의 오른쪽으로 들어가요.

② 대동맥과 다른 동맥이 좌심실에서 산소가 풍부한 피를 받아 몸 전체의 세포에 골고루 전달해요.

③ 허파 동맥을 타고 허파로 들어간 피는 허파 꽈리에 이산화 탄소를 주고 산소를 받아요.

④ 허파 정맥이 산소가 풍부한 피를 심장으로 보내요.

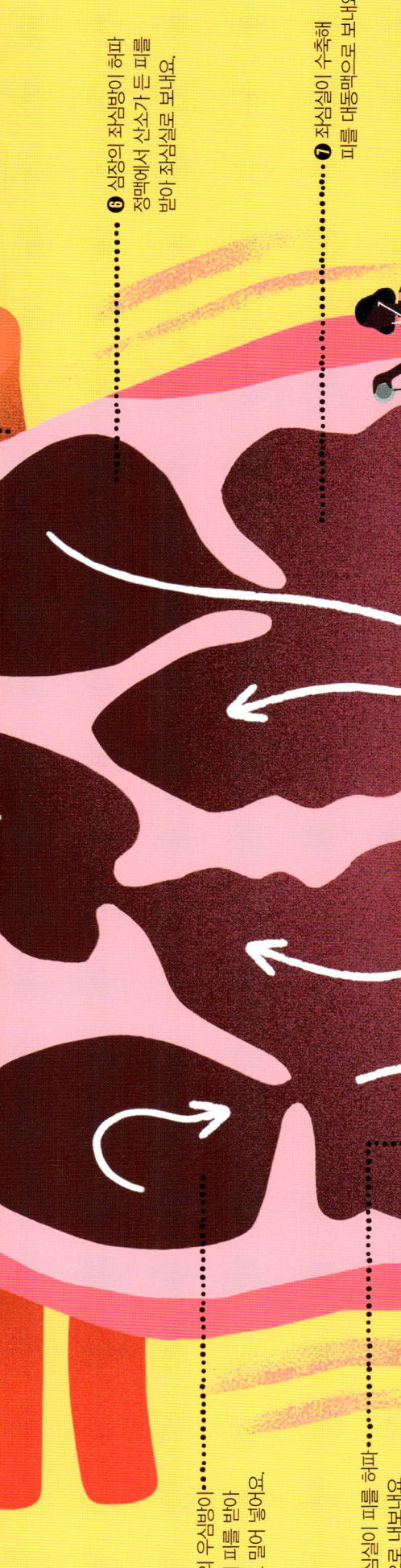

슬기로운 건강 생활

심장은 일을 아주 많이 하기 때문에 우리가 잘 돌봐 주어야 해요. 날마다 심장이 빨리 뛸 정도로 운동하면 심장에 좋아요. 또 건강한 음식을 먹어야 해요. 너무 짜거나 기름지거나 단 음식을 피하고 대신 과일이랑 채소를 먹는 거죠.

휴! 운동을 했더니 심장이 빠르게 뛰네.

❷ 심장의 우심방이 대정맥의 피를 받아 우심실로 들여보내요.

❸ 우심실이 피를 허파 동맥으로 내보내요.

❻ 심장의 좌심방이 허파 정맥에서 산소가 든 피를 받아 좌심실로 보내요.

❼ 좌심실이 수축해 피를 대동맥으로 보내요.

심장 박동 수는 1분 동안 심장이 뛰는 횟수예요. 우리 몸에 얼마만큼의 산소가 필요한지에 따라 박동 수가 늘어나기도 하고 줄어들기도 하죠. 친구들과 뛰어노는 다음에 심장이 아주 빨리 뛰는 걸 느낀 적이 있을 거예요. 그건 여러분의 다리 근육이 열심히 움직이는 바람에 산소가 더 많이 필요해졌기 때문이에요. 근육에 필요한 산소를 넉넉히 보내 주기 위해 심장이 더 빨리 뛰어야 하죠. 아마 폐 숨도 첫을 거예요. 그건 허파가 피에 산소를 충분히 넣어 주기 위해 열심히 일하기 때문이랍니다.

산소 공급기 "허파"

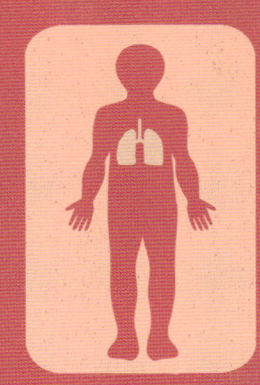

허파는 쉬지 않고 움직여요. 우리가 세상에 태어난 순간부터 숨을 거둘 때까지 잠시도 멈추는 법이 없죠. 이 놀라운 기관을 한번 들여다볼까요?

허파는 횡격막이라는 두꺼운 근육막 위에 올려진 스펀지 같은 커다란 주머니예요. 우리가 숨을 들이쉬면 횡격막이 아래로 내려가면서 가슴을 둘러싼 흉벽이 바깥으로 움직여 허파 안쪽 공간이 넓어져요. 동시에 입과 코를 통해 빨아들인 공기가 허파 안으로 들어가요. 반대로 우리가 숨을 내쉴 때는 횡격막의 긴장이 풀리고 허파가 쪼그라들면서 공기가 몸 밖으로 나가죠.

숨쉬기는 두 가지 중요한 일을 해요. 첫째, 공기 중의 산소를 핏속에 전달해요. 우리 몸은 산소가 없으면 살 수 없거든요. 둘째, 몸속의 이산화 탄소를 내보내 줘요. 우리 몸속의 세포가 에너지를 만들 때 이산화 탄소가 생기는데, 핏속의 이산화 탄소를 몸 밖으로 내보내 주는 게 허파랍니다.

기관지
기도가 두 개로 갈라져서 생긴 관으로 각각 양쪽 허파로 연결돼요.

미세 기관지

횡격막
허파의 아래쪽에 있는 두꺼운 근육막이에요.

기도
입과 허파를 연결하는 관이에요. 기관이라고도 하죠.

> 허파를 덮고 있는 얇은 막을 가슴막이라고 해요.

슬기로운 건강 생활

천식은 기관지에 생기는 염증이에요. 천식을 앓는 사람들은 가끔씩 기관지가 너무 민감해져서 부어올라요. 그래서 숨쉬기가 힘들어지죠. 그럴 때면 약물이 들어 있는 흡입기로 증상을 가라앉힐 수 있어요. 천식에 걸린 사람이든 아니든 허파가 건강하게 일하려면 운동을 하는 게 중요해요.

기관지
왼쪽 허파로 이어지는 기관지예요.

허파와 기도의 벽은 아주 미세한 털 세포와 점액 세포로 뒤덮여 있어요. 이 세포들은 병균으로부터 우리 몸을 보호해요.

병균이 침입하면 먼저 끈적한 점액 세포가 병균을 꽉 붙잡아요. 그러면 털 세포는 꿈틀거리며 기도를 따라 병균을 목구멍까지 올려 주죠. 이때 우리는 기침을 해서 병균을 제거하거나, 삼켜 버려요. 위 속에 들어간 병균은 강한 위산 때문에 죽는답니다.

미세 기관지
기관지는 허파 안에서 계속해서 미세 기관지로 갈라지면서 점점 작아져요. 미세 기관지의 길이를 모두 합치면 무려 2400킬로미터나 된답니다!

허파 꽈리

이 작은 공기 주머니가 허파 꽈리예요. 이 속에서 산소가 피로 이동하고 핏속의 이산화 탄소는 허파 꽈리로 들어가요. 허파 꽈리를 둘러싼 혈관이 산소가 풍부한 피를 심장으로 운반하면 심장이 펌프질을 해서 다시 우리 몸 전체로 보내 준답니다.

43

힘차게 돌고 도는 혈액

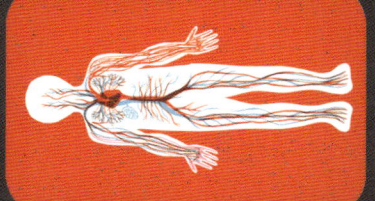

피는 다시 혈관으로 돌아가 인체 탐험을 계속해 봅시다. 이번에는 피를 운반하는 혈관을 타고 몸 전체를 돌아볼 거예요. 어른의 몸속에 있는 혈관의 길이는 약 10만 킬로미터나 돼요. 지구를 두 바퀴 반이나 돌 수 있을 만큼 길답니다!

'모세 혈관'의 벽은 아주 얇아요. 피는 운반해 온 산소와 영양분을 그 얇은 벽을 통해 세포에 전달해 주죠. 반대로 세포에서 만들어진 노폐물은 심장 쪽으로 향하는 모세 혈관으로 들어간답니다.

'정맥'은 몸을 돌고 난 피가 다시 심장으로 돌아가는 혈관이에요. 피가 심장으로 돌아가는 건 어려운 일이에요. 특히 다리 아래쪽에서는 그렇죠. 심장까지는 아주 먼 길이잖아요. 게다가 우리가 서 있거나 앉아 있을 때는 중력이 피를 발 쪽으로 끌어내리기 때문에 피가 위쪽으로 올라가기가 쉽지 않답니다. 그래서 정맥에는 곳곳에 판막이 달려 있어요. 이 판막을 통해 피는 심장 쪽으로 갈 수 있지만, 반대 방향으로는 피가 이동할 수 없도록 편막이 닫혀 버리죠. 정맥을 통과하는 피는 얼렁이 높지 않아서 혈관 벽이 동맥처럼 두껍지 않아요.

슬기로운 건강 생활

심장이 한 번 뛸 때마다 우리 몸 전체에 동맥을 통해 산소와 영양분이 공급됩니다. 심장에서 나온 피가 솟아져 들어가면서 부풀어 올라요. 이런 움직임을 맥박이라고 하는데, 피부 가까운 곳에 있는 동맥에서는 맥박을 느낄 수가 있답니다. 맥박을 가장 쉽게 느낄 수 있는 곳은 손목이에요. 여러분의 심장이 1분에 몇 번이나 뛰는지 맥박을 재 보세요 (어른들의 도움을 받아도 좋아요). 아기에서 열 살까지의 어린이는 편안한 상황에서 맥박 수가 보통 1분에 60~110번이고, 청소년이나 어른이 맥박 수는 1분에 60~100번 정도랍니다.

정맥

동맥

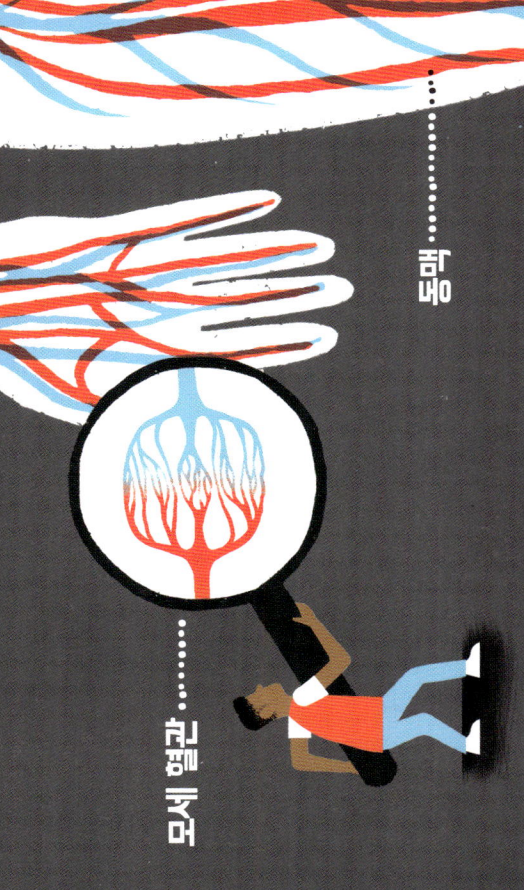

모세혈관

혈관은 크게 동맥, 정맥, 모세혈관, 이렇게 세 종류예요. 동맥은 심장에서 나온 산소가 풍부한 피를 몸 전체에 운반해요. 동맥이 하는 일은 아주 중요해요. 동맥이 없다면 우리 몸이 작동하는 데 필요한 산소와 영양분을 얻을 수 없을 테니까요.

심장은 있는 힘껏 펌프질을 해서 좌심실을 떠나는 피가 몸의 맨 끝에 있는 발가락까지 구석구석 대로를 이를 수 있도록 압력을 줘요. 이 압력을 견딜 수 있도록 동맥의 벽은 꽤나 가지 두껍고, 튼튼하고, 신축성이 좋답니다. 마치 커다란 나무의 가지 점점 가늘어지는 갓처럼, 동맥도 수많은 가지로 갈라지고 점점 가늘어지면서 우리 몸 전체로 이어져요. 그리고 마침내 아주 작고 가는 모세혈관이 되어 몸속의 모든 세포에 영양분을 전해 주죠.

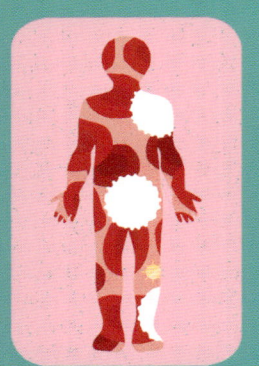

혈

관 속에 좀 더 머물러 피를 살펴볼까요? 자세히 들여다보면 피는 우리가 알던 빨간색의 진한 액체가 아니에요. 혈장이라는 끈적하고 옅은 누런색 액체에 여러 종류의 세포가 둥둥 떠다니는 상태죠. 피는 알면 알수록 아주 놀라운 물질이랍니다!

온몸을 누비는 피

피가 없으면 우리 몸속의 세포는 금세 죽고 말아요. 피는 산소를 운반할 뿐 아니라 세포의 성장을 돕는 영양분을 운반하고 이산화 탄소와 같은 노폐물을 가져가는 일을 하죠. 우리 몸이 스스로 체온을 조절하게 해 주는 것도 바로 피예요.

'적혈구'에는 헤모글로빈이라는 물질이 들어 있어요. 헤모글로빈은 몸속의 모든 세포에 산소를 전달해요. 적혈구 세포 하나는 3개월을 살면서 우리 몸속에서 총 400킬로미터를 이동해요. 1초마다 약 200만 개의 적혈구가 만들어지고, 동시에 200만 개의 오래된 적혈구가 파괴된답니다.

슬기로운 건강 생활

빈혈이 있다는 건 피에 적혈구가 충분하지 않다는 뜻이에요. 빈혈은 흔한 질병이고 생기는 원인도 여러 가지랍니다. 철분이 들어 있는 음식을 많이 먹지 않아도 빈혈에 걸려요. 철분은 적혈구를 만드는 데 필요한 재료거든요. 짙은 녹색 채소나 고기처럼 철분이 풍부한 음식을 먹으면 피가 건강해질 거예요.

손가락을 베였을 때 나오는 피가 어떨 땐 밝은 빨간색인데, 어떨 땐 어두운 빨간색이에요. 산소가 가득 찬 피는 밝은 빨간색이고 산소가 없는 피는 어두운 빨간색이거든요. 피부 밑의 혈관이 푸른색으로 보이는 건 피가 푸른색이어서가 아니라 피부가 빛을 흡수하는 방식 때문이죠. 우리의 피는 빨간색이랍니다!

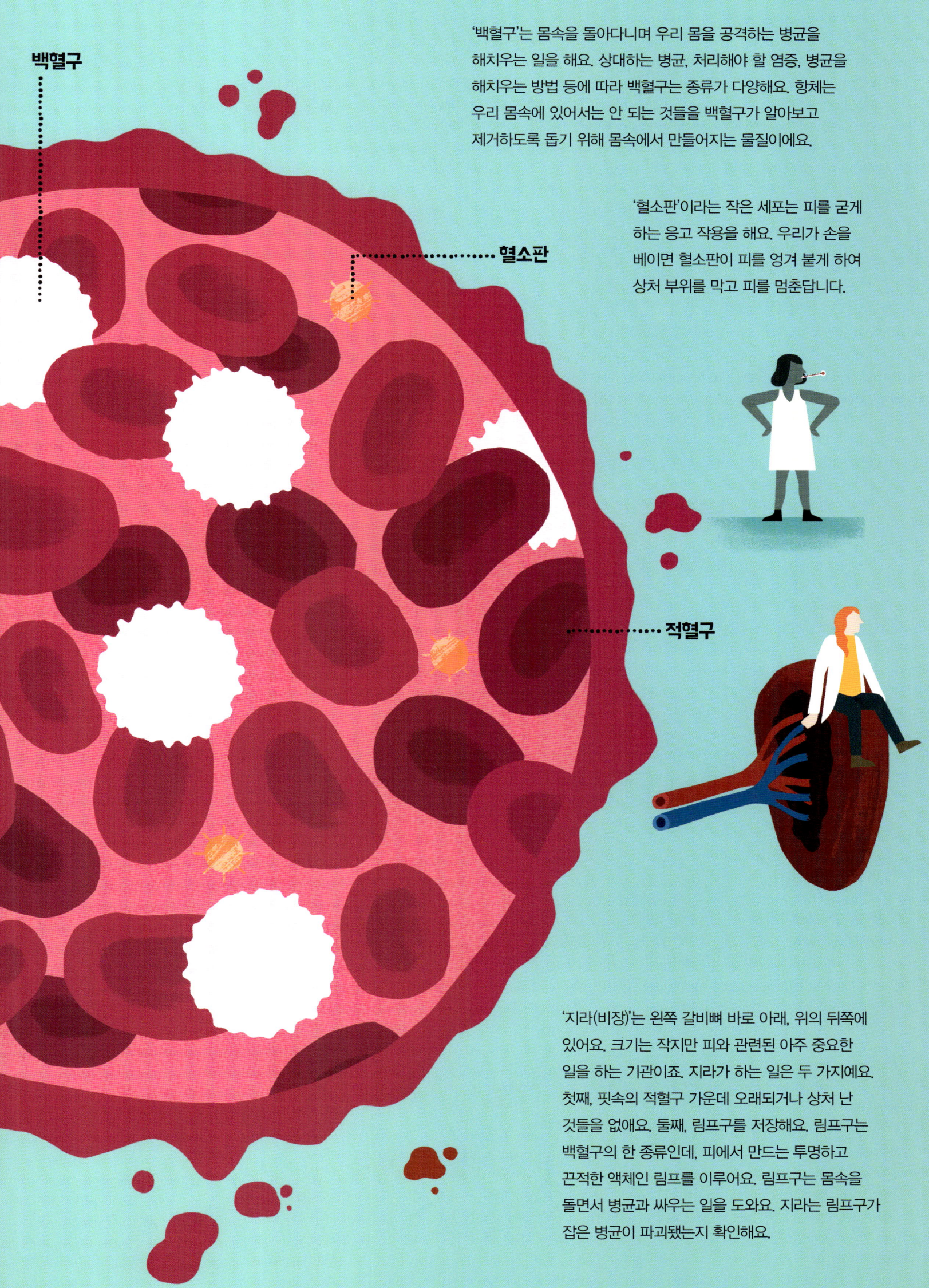

백혈구

혈소판

적혈구

'백혈구'는 몸속을 돌아다니며 우리 몸을 공격하는 병균을 해치우는 일을 해요. 상대하는 병균, 처리해야 할 염증, 병균을 해치우는 방법 등에 따라 백혈구는 종류가 다양해요. 항체는 우리 몸속에 있어서는 안 되는 것들을 백혈구가 알아보고 제거하도록 돕기 위해 몸속에서 만들어지는 물질이에요.

'혈소판'이라는 작은 세포는 피를 굳게 하는 응고 작용을 해요. 우리가 손을 베이면 혈소판이 피를 엉겨 붙게 하여 상처 부위를 막고 피를 멈춘답니다.

'지라(비장)'는 왼쪽 갈비뼈 바로 아래, 위의 뒤쪽에 있어요. 크기는 작지만 피와 관련된 아주 중요한 일을 하는 기관이죠. 지라가 하는 일은 두 가지예요. 첫째, 핏속의 적혈구 가운데 오래되거나 상처 난 것들을 없애요. 둘째, 림프구를 저장해요. 림프구는 백혈구의 한 종류인데, 피에서 만드는 투명하고 끈적한 액체인 림프를 이루어요. 림프구는 몸속을 돌면서 병균과 싸우는 일을 도와요. 지라는 림프구가 잡은 병균이 파괴됐는지 확인해요.

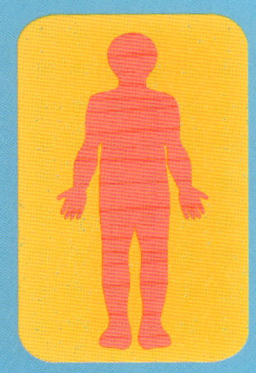

피

부를 신체 기관으로 생각하는 사람은 별로 없겠지만, 사실 피부는 우리 몸에서 가장 큰 기관이에요. 우리 몸의 바깥을 덮어 내부를 보호할 뿐 아니라 몸을 따뜻하게 유지하거나 열을 식혀 주죠. 또 방수가 되는 것은 물론이고 스스로 치유할 수도 있으니 얼마나 놀라운지 몰라요!

겉과 속의 피부

피부가 하는 가장 중요한 일 가운데 하나는 무언가에 닿을 때 자극을 느끼는 거예요. 우리가 개의 등을 쓰다듬으면 피부에 있는 특별한 세포가 자극되는데, 그러면 신경망을 통해 우리가 지금 따뜻하고 털이 달린 물체를 만지고 있다는 정보가 뇌에 전달돼요. 피부에 있는 신경 세포들은 차갑고 뜨거운 것, 크고 작은 압력, 미세한 촉감, 통증, 늘어남 등 여러 가지 감각을 느낄 수 있어요.

피부는 수없이 많은 종류의 세포와 조직으로 만들어졌어요. 그중에는 피부에서만 발견되는 세포도 있답니다. 멜라닌을 만드는 멜라닌 생성 세포처럼요. 멜라닌은 햇빛으로부터 피부를 보호하고 피부 색깔을 결정해요. 사람의 피부가 까맣거나 하얗거나 황색인 것은 피부에 들어 있는 멜라닌의 양에 따라 정해진답니다.

피부 세포가 피부 표면까지 다다르면 죽어서 벗겨져요. 그러니까 우리가 보는 손의 겉면은 사실은 죽은 피부 세포인 셈이죠. 1분마다 거의 5만 개에 이르는 죽은 피부 조각이 몸에서 떨어져 나가요. 알고 보면 집에서 나오는 먼지의 절반이 죽은 피부 세포랍니다!

200만~400만 개나 되는 땀샘이 우리 몸을 뒤덮고 있어요. 그중 많은 땀샘이 손바닥과 발바닥에 모여 있죠. 그래서 운동화에서 고약한 냄새가 나는 거예요! 땀은 피부의 열기를 식혀 체온을 조절한답니다.

춥다고 느낄 때 피부의 털이 바짝 서고 소름이 돋은 적이 있을 거예요. 그건 공기를 피부 옆에 가두어 몸을 따뜻하게 해 주려는 거랍니다.

표피
피부의 맨 바깥쪽에서 피부를 보호하는 층을 말해요.

진피
진피에는 신경 끝부분, 혈관, 땀샘, 피지샘이 있어요. 피지샘은 피지, 즉 피부 기름을 만들어요. 피지는 피부를 촉촉하게 하고 물이 스며들지 않게 해 준답니다.

슬기로운 건강 생활

햇빛에 오래 노출되면 피부 세포가 상하거나, 심지어 피부암에 걸릴 수도 있어요. 그래서 바깥에 나갈 땐 차단 지수가 높은 자외선 차단제를 꼭 발라야 해요. 특히 햇빛이 뜨거운 시간에는 해를 피해 있거나 몸을 가리는 게 중요하답니다.

피하 지방층
대부분 지방으로 이루어졌고 근육의 겉면을 감싸고 있는 막에 피부를 고정시켜요. 털을 만드는 털집(모낭)이 여기에 있어요.

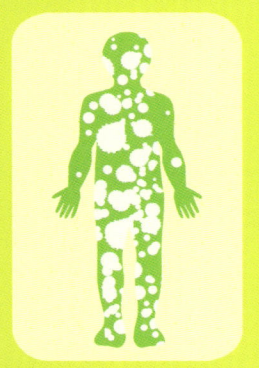

느끼지 못하겠지만 지금 이 순간에도 우리 몸은 공격당하고 있어요. 병균이 우리 몸속에 들어와서 살려고 침입을 시도하죠. 그러면서 우리를 아프게 하고요. 그런데 다행히도 우리 몸은 훌륭한 면역계와 함께 침입자들과 싸울 준비가 되어 있답니다.

몸 수비대 면역계

몸속에 병균이 들어왔다고요? 걱정할 것 없어요. 우리 몸을 보호하는 든든한 1차 방어막이 있거든요. 피부는 질기고 물이 스며들지 않아 병균이 혈관까지 침투하기가 쉽지 않아요. 눈물은 눈에 들어간 병균을 씻어서 내보내죠. 병균이 입에 들어와도 문제없어요. 침에는 병균들을 죽이는 화학 물질이 들어 있으니까요. 심지어 콧물도 사실은 병균이 기도로 들어가지 못하게 하려고 만들어진 물질이랍니다.

········ 베인 상처   핏덩어리 ········

이렇게 철저히 막아도 몸속에 들어오는 끈질긴 병균들이 있어요. 하지만 우리 몸은 다 준비가 되어 있답니다. 예를 들어 칼에 베이면 몸속의 천연 수리 장비가 작동해요. 상처 주변의 피가 엉겨 붙어 두껍고 끈적해지면서 병균이 들어가지 못하게 덮개처럼 상처를 덮죠. 그런 다음 백혈구가 상처가 난 곳으로 출동해 침입한 병균을 죽여요. 상처 부위가 화끈거리고 붓는 건 피가 백혈구를 끌고 모여들기 때문이에요.

슬기로운 건강 생활

면역계가 감염과 질병으로부터 우리 몸을 지켜 주지만, 예방 주사를 맞아야 몸을 보호할 수 있는 특별한 질병도 있어요. 예방 주사는 병균의 모습을 미리 알려 줘서 그 병균이 몸속에 들어왔을 때 우리 몸이 빨리 알아채고 싸움을 시작하게 해 주죠. 예방 주사에는 죽은 병균이나 아주 약한 병균이 들어 있거든요. 예방 주사는 지금까지 수백만 명의 목숨을 살렸답니다.

주로 겨드랑이나 목에 모여 있는 림프절에는 백혈구가 많이 살아요. 이것들은 피를 걸러 병균을 잡아요. 몸이 좋지 않으면 림프절이 부풀어 올라 아플 때가 있어요. 그건 백혈구들이 병균과 열심히 싸우고 있기 때문이에요. 하지만 병균을 처리해 감염을 막고 나면 다시 가라앉아요.

면역계는 온갖 종류의 질병으로부터 우리 몸을 지켜 줘요.

고름 ......

딱지 ......

그런데 감염이 심해져서 백혈구마저도 버틸 수 없을 때가 있어요. 상처가 덧나 하얗거나 연노란색의 고름이 나오는 걸 본 적 있나요? 이 고름이 바로 병균과 전쟁을 치르고 죽은 백혈구들이랍니다. 하지만 보통은 피가 굳으면서 딱지가 되죠. 딱지는 그 밑의 피부가 스스로 치유될 때까지 상처를 보호해요. 피부가 새로 나면 상처 부위가 가려워지고 딱지가 떨어져 나가요.

이상하게 들릴지 모르겠지만, 우리 몸에서는 죽은 것들이 자라고 있어요. 머리카락과 손톱, 발톱 말이에요! 계속해서 길이가 자라니 마치 살아 있는 것 같지만, 사실 이것들은 살아 있지 않아요. 그래서 잘라 내도 아프지 않은 거랍니다.

자란다! 털과 손발톱

계속해서 피부 아래의 미세한 세계를 탐험해 볼까요? 털은 피하 지방층의 털집에서 자라기 시작해요. 털집 바닥에는 케라틴이라는 질긴 방수 물질로 이루어진 뿌리가 있어요. 털집에서 케라틴을 만들면서 털이 자라죠. 털집 옆에는 피지를 만드는 특별한 샘이 있어요. 피지는 털을 윤기 나게 만들어 주지만, 머리카락을 너무 기름지게 할 때도 있죠.

그런데 우리 몸 어디에나 털이 있다는 사실을 알고 있나요? 어떤 털은 너무 작아서 보려면 돋보기가 필요하죠. 우리 몸에서 털로 덮이지 않은 부분은 입술과 손바닥, 그리고 발바닥뿐이에요. 우리 몸의 털 중에서 머리카락이 가장 굵어요. 대부분의 사람들은 머리카락의 수가 약 10만 개쯤 된답니다.

슬기로운 건강 생활

머리를 감을 때 샴푸로 머리카락의 기름기를 없애고 컨디셔너로 머리카락을 비늘처럼 감싸는 큐티클을 부드럽게 만들어요. 두피의 피부 세포는 새로운 피부 세포를 많이 만들고 오래된 피부 세포를 떨구는데, 이게 바로 비듬이에요. 비듬이 옷 위에 눈처럼 떨어져 고민이라고요? 비듬은 대개 비듬 제거 샴푸를 사용하면 없앨 수 있답니다.

우리는 손톱으로 물체를 긁거나 할퀼 수 있어요. 또 손톱은 손가락을, 발톱은 발가락을 보호해 주죠. 손발톱은 머리카락과 똑같은 물질로 만들어졌어요. 케라틴 말이에요. 대신 손발톱 안에는 케라틴이 꽉 들어차 있어서 훨씬 단단하답니다. 우리 눈에 보이는 손발톱은 죽은 부분이에요. 손발톱의 아래쪽과 뿌리에 살아 있는 부분이 있는데, 바로 여기서 손톱과 발톱이 자라죠. 손톱은 일주일에 약 3.5밀리미터씩 자라지만 발톱은 훨씬 천천히 자라요.

우리가 더 많이 사용하는 손의 손톱이 더 빨리 자라요!

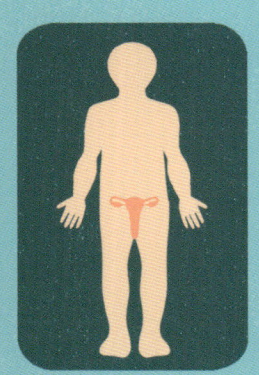

여자의 몸은 특별해

사람들의 겉모습은 제각각이지만, 몸속은 거의 비슷하답니다. 몸속 기관만 해도 그래요. 누구에게나 위와 간, 심장, 허파가 있잖아요. 그런데 여자에게는 남자에게 없는, 남자에게는 여자에게 없는 특별한 기관이 있어요. 이 기관은 생식, 그러니까 아기를 낳는 일과 관련된 부분이죠. 생식은 우리 몸이 하는 일 중에서도 특히 중요해요. 아기를 낳지 못한다면 인류는 아주 오래전에 세상에서 사라졌을 테니까요.

나팔관
난소와 자궁을 잇는 관이에요. 난소에서 난자가 배출되면 이 관을 타고 아래로 내려가요.

난소
아기가 생기려면 난자가 필요해요. 난자는 난소에서 만들어져요. 난소는 양쪽에 각각 하나씩 있고 한 달에 한 번씩 왼쪽과 오른쪽의 난소가 번갈아 가며 난자를 배출해요.

슬기로운 건강 생활

월경은 보통 28일에 한 번씩 일어나요. 평균적으로 8작은술 정도의 피가 며칠에 걸쳐서 나오죠. 월경이 시작되면 생리대나 탐폰을 착용해 몸 밖으로 나오는 피를 흡수하게 해요. 생리대를 사용하는 게 좀 불편하긴 하지만 그것만 빼면 평소처럼 생활해도 괜찮아요. 배나 허리가 아플 수 있으니 몸을 따뜻하게 하는 게 중요하답니다.

나팔관의 굵기는 스파게티 면의 굵기와 비슷해요.

자궁
난자가 정자와 만나 수정이 이루어지면 수정란이 돼요. 수정란은 자궁벽을 파고 들어가 자리를 잡은 다음 아기로 자라기 시작해요. 자궁은 신축성이 아주 뛰어나서 아기가 자랄 때 같이 커져요. 사람의 아기는 엄마의 자궁에서 약 9개월을 머무른답니다.

난자
남자가 만든 정자와 만나면 아기가 되는 특별한 세포예요. 난자는 난소에서 나와 나팔관을 타고 자궁까지 이동해요.

자궁목 (자궁 경부)
자궁으로 들어가는 입구예요. 여자의 몸이 아기를 낳을 준비를 할 때는 아기가 통과할 수 있을 정도로 자궁목이 넓어져요.

질
아기가 태어날 때 질을 통과해 엄마의 몸 밖으로 나와요. 질은 특별히 잘 늘어나도록 설계돼 있어요. 평소에는 아주 좁답니다.

음문
음순, 음핵, 질 입구를 포함하는 여성 생식 기관의 바깥 부분이에요. 성적으로 자극을 받으면 이 부분이 민감해져요.

여자의 몸은 난자가 수정되어 수정란이 자랄 경우를 대비해 매달 자궁 안쪽의 벽에 피를 채워 두껍게 만들어요. 하지만 수정란이 만들어지지 않으면 이 벽이 허물어지면서 수정되지 않은 난자와 함께 피로 흘러나오죠. 이게 바로 월경이에요. 생리라고도 하고요. 월경은 사춘기가 찾아오는 12세 무렵에 몸의 변화와 함께 시작돼요.

사춘기가 되면 여자아이는 가슴(유방)이 커져요. 여자의 가슴에는 아기에게 줄 젖을 만드는 젖샘이 있어요. 사람마다 가슴의 모양이나 크기는 다르답니다.

남자의 몸은 특별해

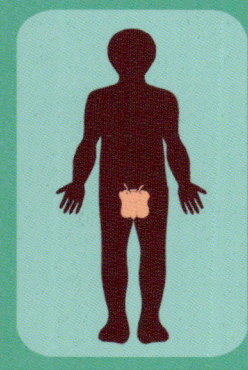

여자의 몸에서 살펴보았듯이 여자의 생식 기관은 몸속에 들어가 있어요. 이와 달리 남자에게만 있는 생식 기관인 음경과 고환은 몸 밖에 있답니다.

남자는 태어날 때 음경 끝에 작은 피부 조각인 포피가 덮여 있어요. 음경의 피부가 너무 조이거나 통증이 있을 때 또는 위생을 위해 포피를 제거하는 포경 수술을 하기도 해요. 유대교와 이슬람교에서는 종교적인 이유로 아이가 어릴 때 포피를 제거하는 할례라는 의식을 치르죠.

남자가 성적으로 자극을 받으면 음경이 위로 서면서 단단해져요. 이것을 발기라고 부르는데, 피가 음경으로 몰리면서 부푸는 거예요. 음경은 대개 아침에 일어날 때 발기하지만, 언제 어디서든 발기할 수 있어요. 버스 안에서나 심지어 수업 중에도요.

슬기로운 건강 생활

사춘기가 된 남자아이의 몸에서는 정액이 만들어지기기 시작해요. 그래서 이따금씩 몽정을 할 수 있어요. 몽정은 자는 동안 음경이 발기하면서 정액이 음경 밖으로 분출되는 걸 말해요. 모두가 몽정을 경험하는 건 아니지만, 아주 정상적인 현상이니 놀라지 않아도 된답니다.

방광

정낭

전립샘

요도
방광에서 몸 밖으로 오줌을 배출하는 관이에요. 요도는 정액이라고 부르는 액체를 운반하기도 해요. 정액에는 수백만 개의 정자가 들어 있어요.

고환
정자가 만들어지는 달걀 모양의 기관으로 통증에 민감해요. 대개 한쪽 고환이 다른 쪽보다 낮게 달려 있어요.

음낭
고환이 들어 있는 주머니예요.

음경
남자의 가장 중요한 생식 기관이에요.

포피
음경의 끝을 덮고 있는 피부를 말해요.

남자는 사춘기에 몸이 변하면서 정자를 만들기 시작해요. 고환에서 수백만 개의 정자가 만들어지는데, 정자는 고환의 온도가 체온보다 살짝 낮을 때 잘 만들어져요. 그래서 고환이 바깥쪽으로 늘어져 있는 거랍니다. 고환은 근육으로 둘러싸여 있어요. 이 근육은 고환이 적절한 온도를 유지할 수 있도록 고환을 몸에 가까이 붙게 하거나 반대로 좀 떨어지게 해 주죠.

고환은 정낭과 전립샘에 관으로 연결되어 있어요. 정낭과 전립샘은 정자를 영양분과 액체와 섞어 정액을 만들어요. 그런 다음 정자는 요도로 들어가 몸 밖으로 배출되죠. 이렇게 배출된 남자의 정자가 여자의 난자와 만나 수정이 이루어지면 아기가 생기는 거예요.

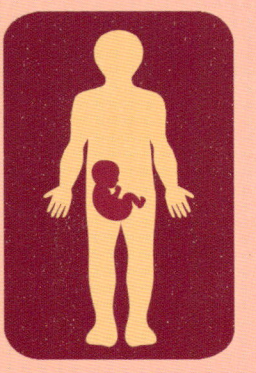

아기의 몸은 특별해

우리의 탐험도 거의 끝나 가네요! 마지막으로 우리 몸이 하는 가장 신비롭고 놀라운 일을 알아보려고 해요. 바로 새로운 생명을 만드는 일이죠.

아기가 생기려면 여자의 난자가 남자의 정자와 만나 수정이 이루어져야 한다는 것, 기억하죠? 그럼 여자는 임신을 하고 자궁 안에서 아기가 자라기 시작하죠. 엄마의 자궁 안에 있는 아기를 태아라고 불러요.

생명이 이 책의 마침표 크기밖에 안 되는 수정란에서 시작된다는 게 정말 놀랍지 않나요? 이 수정란이 반으로 쪼개져 두 개의 세포가 되고 각 세포가 또 둘로 나누어지고 그렇게 계속해서 수백만 번 쪼개져요. 그때마다 세포들은 각각 특별한 임무를 띠고 우리가 앞에서 탐험했던 몸속의 기관이 되죠. 약 6주가 지나면 심장이 뛰기 시작해요. 5개월이 되면 태아는 자궁 안에서 발길질을 시작한답니다. 그리고 9개월이 지나면 세상에 태어날 준비를 마친 아기가 돼요.

자궁 안에서 태아는 양수라는 물이 채워진 주머니로 감싸져 있어요. 태아는 혼자서는 먹지도 숨을 쉬지도 못해요. 그래서 탯줄이라는 굵은 관을 통해 성장하는 데 필요한 산소와 영양분을 받죠. 탯줄은 혈관이 얽혀서 만들어진 태반을 통해 자궁과 연결돼요. 배꼽이 바로 탯줄이 달려 있던 곳이랍니다!

우리 몸은 참 특별해

정말 대단한 탐험이었죠? 이자를 들여다보고 허파를 관찰하고 심지어 DNA 가닥도 풀어 봤잖아요. 전 탐험을 마친 여러분이 제가 의사 공부를 할 때 느꼈던 것처럼 우리 몸이 얼마나 대단한지 알았으면 좋겠어요. 이제부터 여러분은 동물의 털을 쓰다듬는 행동에서 스케이트보드를 타는 일까지 우리가 무엇이든 할 수 있게 해 주는 몸에 고마운 마음을 갖게 될 거예요. 어쩌면 누군가는 저처럼 의사가 될지도 모르죠. 여러분이 지금 어떤 모습이든, 또 어떤 사람이 되든 자신의 몸을 잘 보살펴 주세요. 여러분 모두는 정말 특별한 사람이니까요!

인체 용어 사전

기관
서로 다른 조직이 모여 함께 일하는 신체 부위를 말해요. 눈처럼 한 가지 기능만 가진 기관이 있는가 하면, 간처럼 500가지가 넘는 일을 하는 기관도 있어요. 여러 기관이 모여 기관계를 이루어요.

네프론(콩팥단위)
콩팥에서 피를 거르는 기본 단위예요. 콩팥에는 네프론이 수백만 개씩 있기 때문에 피를 청소하고 깨끗이 걸러 낼 수 있답니다.

뉴런(신경 세포)
신경계의 단위로 전기 자극을 운반하는 특별한 세포예요. 뇌에 많이 있답니다.

단백질
우리 몸의 세포와 조직을 만드는 데 필요한 물질이에요. 근육과 기관이 대부분 단백질로 만들어졌죠. 견과류, 달걀, 고기, 생선과 같은 음식에서 단백질을 얻을 수 있어요.

면역계
감염과 싸우고 우리 몸을 공격하는 병균으로부터 우리를 보호하는 모든 기관을 말해요.

병균
너무 작아서 맨눈으로는 볼 수 없는 아주 작은 생물, 즉 미생물 중에서도 병을 일으켜 우리를 아프게 하는 것들을 말해요. 세균이나 바이러스처럼 병균에는 여러 종류가 있답니다.

비타민 D
칼슘처럼 치아와 뼈를 튼튼하게 하는 데 필요한 화학 물질로 면역계에도 중요해요. 비타민 D는 치즈 같은 유제품이나 달걀, 채소에 들어 있어요. 피부는 햇빛을 받으면 직접 비타민 D를 만들 수 있죠. 하지만 햇빛에 화상을 입지 않도록 조심해야 해요.

사춘기
우리 몸이 자라고 변화하는 발달 단계로 아이에서 어른의 몸으로 성숙해지는 시기예요.

산
다른 물질과 반응하여 녹일 수 있는 특별한 화학 물질이에요. 위는 위산을 분비해 음식물을 분해하고 병균을 죽여요. 식초 같은 약산은 산성이 약하고 신맛이 나지만, 어떤 산은 산성이 너무 강해서 피부에 닿으면 화상을 입을 수 있답니다.

산소
숨을 들이마실 때 몸속으로 들어오는 기체예요. 모든 세포는 산소가 있어야 살 수 있어요.

생식 기관
생식, 즉 아기를 만드는 것과 관련된 신체 부위를 말해요. 남자의 생식 기관과 여자의 생식 기관은 서로 다르답니다.

세균
몸이 아프다면, 세균에 감염돼서 그럴 수 있어요. 세균은 현미경을 사용하지 않으면 눈에 보이지 않을 만큼 작은 생물이지만, 우리 몸 곳곳에 수십억 마리 세균이 살고 있어요. 대부분은 해를 끼치지 않지만, 어떤 세균은 감염을 일으켜 몸을 아프게 한답니다.

세포
우리 몸을 만드는 기본 구성 요소예요. 세포는 크기가 매우 작아서 수조 개의 세포가 모여야 우리 몸이 되지요. 세포는 종류가 아주 다양하고 각각 몸에서 특별한 일을 맡아 한답니다.

세포핵
세포의 모든 활동을 조절하는 핵심 기관이에요. 세포에게 할 일을 알려 주는 DNA가 들어 있어요.

소화
우리가 먹은 음식물을 몸이 흡수할 수 있는 아주 작은 조각으로 분해하는 과정을 말해요.

수정
난자와 정자가 만나는 걸 말해요. 난자가 수정되어 자궁벽에 자리 잡으면 아기가 자라기 시작해요.

순환계
우리 몸속에서 피가 움직이는 것과 관련된 모든 기관을 말해요. 피를 펌프질 하는 심장, 심장이 펌프질 한 피를 온몸에 보내는 동맥, 세포 주위를 둘러싸는 모세 혈관, 피를 다시 심장으로 돌려보내는 정맥 등이 모두 순환계에 속해요.

양수
여자의 자궁에서 자라는 태아를 둘러싸는 액체를 말해요. 양수는 바깥에서 오는 충격으로부터 아기를 보호해요.

월경
매달 여자의 몸에서 난소는 난자를 분비하고 자궁은 아기가 자랄 집을 준비해요. 난자가 수정되지 않으면 자궁벽이 허물어지면서 난자와 함께 질을 통해 빠져나와요. 다음 달에도 똑같은 일이 일어나죠. 이것을 월경 또는 생리라고 불러요.

유전자
머리카락 색깔이나 키 등의 특징에 대한 정보를 가지고 있는 DNA 조각이에요.

이산화 탄소(CO_2)
숨을 내쉴 때 공기 중으로 나가는 기체예요.

인슐린
이자에서 만들어지는 호르몬으로 핏속 당의 양을 결정해요.

조직
하는 일이 같은 세포들이 모인 것을 말해요.

칼슘
뼈와 치아를 튼튼하게 하는 데 아주 중요한 물질이에요. 우유나 요거트 같은 유제품은 물론이고 콩, 씨앗류, 녹색 채소 등에도 들어 있어요.

태아
난자가 수정된 다음 9주부터 세상에 태어날 때까지 엄마의 자궁 안에서 자라는 아기를 부르는 의학 용어예요. 수정란에서 8주까지는 배아라고 불러요.

피하
피부의 밑이라는 뜻이에요.

헤모글로빈
적혈구에 들어 있는 화학 물질인데, 피가 빨간색인 이유가 바로 헤모글로빈 때문이에요. 피가 산소를 온몸에 전달하게 돕는 아주 똑똑한 물질이죠.

혀 유두
혀에 있는 수많은 작은 돌기를 말해요. 혀 유두는 음식물을 붙잡는 역할을 하고 또 맛봉오리(미뢰)가 들어 있어서 음식의 맛을 느낄 수 있게 해 줘요.

효소
화학 반응의 속도를 빠르게 하는 특별한 물질이에요. 효소마다 하는 일이 다 달라요. 예를 들어 어떤 효소는 위가 음식물을 분해하는 걸 돕는답니다.

DNA
데옥시리보 핵산(DEOXYRIBONUCLEIC ACID)의 줄임말로 '디엔에이'라고 읽어요. DNA는 두 개의 가닥이 사다리 모양을 이루며 나선형으로 꼬여 있어요. 세포핵 안에 촘촘히 감겨 있으며 세포에게 할 일을 알려 주죠. 마치 사람을 만드는 방법이 적힌 설명서 같아요. 사람마다 DNA가 조금씩 다르기 때문에 우리가 서로 다른 거랍니다.

찾아보기

ㄱ
가슴 30, 42
가슴(유방) 55
가슴막 43
각막 21
간 7, 33~35, 54, 60
갈비뼈 13, 34, 36, 47
감각 6, 16~17, 23, 48
감각 겉질 14
감각 기관 16~17
감각 신경 16~17
감기 25
감염 25, 51, 60
감정 15
고름 51
고막 23
고환 56~57
골격근 10
골반 저근 38~39
골수 13
공기 25, 29, 42~43, 49, 61
공막 20
관절 13
균형 23
귀 14, 17, 22~23
귀보개(검이경) 23
귀지 22~23
귓속뼈(이소골) 23
근골격계 10
근육 10~11, 13~14, 16~20, 28, 31, 38~39, 40~42, 57, 60
기관 4, 6~7, 11, 13, 23~24, 31, 33, 40, 42, 47~48, 54, 57~58, 60~61
기관계 4, 7, 60
기관지 42~43
기도(기관) 29, 42~43
기억 14~15, 25, 58
꼬리뼈 19

ㄴ
나팔관 54~55
난소 54~55, 61
난자 54~55, 57~58, 60~61
남자 8, 54~58, 60
내이 22~23
내장 기관 34
냄새 24~25, 38, 49
네프론(콩팥단위) 37, 60
노폐물 6, 33, 36~38, 44, 46
뇌 13~19, 21, 23, 25, 28, 31, 38, 48, 60
뇌줄기(뇌간) 14
뇌하수체 14
눈 4, 7~9, 11, 14, 16~17, 19~22, 27, 50, 53, 60
눈물 20, 50
눈물샘 20
뉴런(신경 세포) 6, 15~16, 48, 60

ㄷ
다리 10, 41, 44
딱지 51
단백질 7, 60
달팽이관 23
담즙 33~34
땀 37, 49
땀샘 49
당(당분) 27, 31, 34, 61
당뇨 30~31
대동맥 40~41
대정맥 40~41
데옥시리보 핵산(DNA) 8~9, 59~61
독소 35
동공 20~21
동맥 40, 44~45, 61
똥 32~33
두피 52
등 18, 48

ㄹ
림프 47
림프구 47
림프절 51

ㅁ
막대세포(간상세포) 21
맛 25, 28~29, 61
맛봉오리(미뢰) 28~29
망막 21
맥박 45
머리뼈 13, 20, 22
멜라닌 48
면역계 50~51, 60
모세 혈관 44~45, 61
목 11, 18, 51
목구멍 23, 28, 43
몽정 56
무기질 13
뮤신 31
물 16, 23, 25, 32~33, 37~39, 49~50
미세 기관지 42~43

ㅂ
바깥귀길(외이도) 23
반고리관 23
발가락 14, 45, 53
발바닥 19, 49, 52
발기 56
방광 11, 36, 38~39, 57
방귀 32
방수 48, 52
방어막 50
배꼽 30, 58
배뇨근 38
배출 33, 38, 54, 57
배탈 25, 33
백혈구 47, 50~51
법랑질(에나멜질) 26~27
변비 33
병균 4, 20, 23, 25, 27, 33, 35, 43, 47, 50~51, 60
뼈 6, 10, 12~13, 18, 60~61
뼈대 13
뼈 모세포와 뼈 파괴 세포 13
분비 30~34, 61
분해 26, 28, 31~35, 60~61
브로카 영역 14

ㅂ
비듬 52
비타민 D 12, 60
빈혈 46
빛 20~21, 46

ㅅ
사춘기 55~57, 60
사랑니 27
산 60
산소 6, 36, 40~46, 58, 60~61
상(이미지) 20~21
상아질 26~27
상처 10~11, 13, 23, 25, 34~35, 47, 50~51
쌍둥이 9
색깔 20~21, 25, 37, 48, 61
생리대 54
생식 54, 60
생식 기관 55~57, 60
석고 붕대 13
설사 33
세균 32~33, 60
세포 4, 6~8, 15, 21, 25, 30~31, 36~38, 40, 42~48, 55, 58, 60~61
세포막 6
세포질 6
소름 49
소화 6, 26, 28, 30~33, 60
소화계 7
손가락 19, 46, 53
손바닥 49~52
손톱 52~53
송곳니 27
수정 55, 57~58, 60~61
수정란 55, 58, 61
수정체 21
수축 17, 20, 28, 38, 40~41
순환계 40, 61
숨쉬기 14, 42~43
쓸개(담낭) 32~34
시각 17
시각 겉질 14

시상 하부 14
시신경 21
식도 7, 11, 28~30
신경 16~19, 25~26, 28, 38, 49
심장 10, 11, 13, 36, 40~41, 43, 44, 45, 58
심장근 11, 40
심장 박동 41

ㅇ
아기 12, 45, 54~55, 57~58, 60~61
압력 23, 44~45, 48
앞니 27
약물 23, 43
양수 58, 61
어금니 27
언어 14
엉덩이 12, 18
에너지 6, 26, 34, 42
엑스선 12
여자 8, 54~58, 60~61
연골(물렁뼈) 13, 18~19
염증 43, 47
영구치 27
영양분 6, 11, 30, 32, 34, 37, 44~46, 57~58
예방 주사 51
오줌 36~39, 57
오줌관(수뇨관) 36~37, 39
온도 57
외이 22~23
요도 38~39, 57
우심방 41
우심실 41
우유 11~12, 25, 61
운동 10, 12, 41, 43
운동 신경 16~17
원뿔 세포(원추 세포) 21
월경(생리) 54~55, 61
위 7, 11, 28~32, 34, 43, 47, 54, 60~61
위산 31, 43
유스타키오관(이관) 23

유전자 8~9, 61
음경 56~57
음낭 57
음문 55
음식물 11, 26~33, 60~61
음핵 55
응고 47
의사소통 11
이산화 탄소 6, 40, 42~43, 46, 61
이완 17, 20
이자(췌장) 30~32, 34, 59, 61
인대 18
인슐린 30~31, 34, 61
임신 58
입 25, 27~30, 42, 50
입술 52
잇몸 27

ㅈ
자궁 55, 58, 61
자궁목(자궁 경부) 55
자궁벽 55, 60~61
작은어금니 27
작은창자 32~33
잠 14~15, 39
적혈구 6, 35~36, 46~47, 61
전립샘 57
점액 25, 31
점액 세포 43
정낭 57
정맥 44~45, 61
정액 56~57
정자 55, 57~58, 60
젖 55
젖니(유치) 27
젖샘 55
조직 4, 6~7, 10, 13, 27, 40, 48~49, 60~61
좌심방 41
좌심실 40~41, 45
중이 22~23
중추 신경계 14
지라(비장) 47
지방 13, 33~34, 49

진피 49
질 55, 61
질병 46, 51

ㅊ
창자 7, 11, 28, 30~34
척수 14, 18~19
척추 18~19
척추뼈 18~19
철분 46
천식 43
청각 17
청각 겉질 14
체온 46, 49, 57
초점 11, 21
촉각 17
치실 26
치아 26~27, 60~61
치아 속질(치수) 26
침 26, 28~30, 50

ㅋ
칼슘 12, 60~61
케라틴 52~53
코 17, 24~25, 38, 42, 50
콧구멍 4, 24~25
콧물 25, 39, 60
콩팥(신장) 36~37
콩팥 깔때기(신우) 37
콩팥 피라미드(신추체) 37
콩팥 동맥 36
콩팥 정맥 36
큐티클 52
큰창자 32~33

ㅌ
탐폰 54
태반 58
태아 58, 61
탯줄 58
턱 26
털 9, 16, 48~49, 52, 59
털 세포 23, 43
털집(모낭) 49, 52
통증 6, 14, 19, 48, 56~57

투석 37

ㅍ
판막 40, 44
평활근 11
포경 수술 56
포피 56~57
표피 49
피 6, 11, 13, 31, 35~37, 40~41, 43~47, 50~51, 54~56, 60~61
피부 13, 16~17, 45~46, 48~52, 56~57, 60~61
피부 세포 48~49, 52
피부암 49
피지 49, 52
피지샘 49
피하 지방층 49, 52

ㅎ
항문 32
항체 47
해마 14
햇빛 12, 21, 47, 48, 60
허파(폐) 10, 13, 29, 40~43, 54, 59
허파 꽈리 40, 43
허파 동맥 40~41
허파 정맥 40~41
헤모글로빈 46, 61
혀 17, 28, 61
혀 유두 28~29, 61
혈관 4, 11, 25~26, 31~32, 34, 36~37, 40, 43~46, 49~50, 58, 61
혈소판 47
혈장 46
호르몬 14, 61
홍채 20
횡격막 42
효소 28, 31~32, 61
후두덮개 29
흡입기 43
힘줄 10

글 맥스 펨버턴

영국의 의사이자 언론인, 작가입니다. 오랫동안 영국의 신문인 〈데일리 텔레그래프〉와
교양 잡지인 〈리더스 다이제스트〉에 사회, 문화, 의학 등의 분야에 관한 칼럼을 썼습니다.
이 책은 맥스 펨버턴이 어린이를 위해 쓴 첫 책입니다.

"헨리와 몬티에게 이 책을 바칩니다."

그림 크리스 매든

대학에서 디자인과 시각 예술을 공부하고 지금은 일러스트레이터로 활동하며 여러 잡지와 신문, 그림책에 그림을 그리고 있습니다.
그린 책으로는 《동물들의 놀라운 지구 여행기》, 《동물들의 놀라운 집 짓기》 등이 있습니다.

"엄마에게 이 책을 바칩니다. 엄마가 없었으면 이 책을 끝내지 못했을 거예요."

옮김 조은영

어려운 과학책은 쉽게, 쉬운 과학책은 재미있게 번역하고자 고군분투하는 번역가입니다. 서울대학교 생물학과를 졸업하고,
서울대학교 천연물과학대학원과 미국 조지아대학교 식물학과에서 공부하면서 거시생물학에서 미시생물학까지 두루 익힌 자칭 척척 석사입니다.
옮긴 책으로 《웃기지만 진지한 초간단 과학 실험 70》, 《애니멀 타임스》, 《랜들 먼로의 친절한 과학 그림책》,
《10퍼센트 인간》, 《내가 태어나기 전 나의 이야기》 등이 있습니다.

인체 탐험 보고서

초판 제1쇄 인쇄일 2020년 6월 10일
초판 제1쇄 발행일 2020년 6월 20일
글 맥스 펨버턴 그림 크리스 매든 옮김 조은영
발행인 윤호권, 박헌용 본부장 김문정
편집 윤보영, 김하나, 이은영 디자인 박준렬, 권영은
마케팅 김동준, 박병국, 명인수, 우지영, 이예주, 박정희
저작권 이경화 제작 김영훈
발행처 (주)시공사 주소 서울시 서초구 사임당로 82
전화 영업 2046-2800 편집 2046-2821~9
인터넷 홈페이지 WWW.SIGONGJUNIOR.COM

THE MARVELLOUS ADVENTURE OF BEING HUMAN
COPYRIGHT © 2019
PUBLISHED BY ARRANGEMENT WITH HODDER AND STOUGHTON LIMITED
ALL RIGHTS RESERVED.
KOREAN TRANSLATION COPYRIGHT © 2020 BY SIGONGSA CO., LTD.
KOREAN EDITION IS PUBLISHED BY ARRANGEMENT WITH HODDER AND STOUGHTON LIMITED THROUGH IMPRIMA KOREA AGENCY.

이 책의 한국어판 저작권은 IMPRIMA KOREA AGENCY를 통해 HODDER AND STOUGHTON LIMITED와 독점 계약한 (주)시공사에 있습니다.
저작권법에 의해 한국 내에서 보호를 받는 저작물이므로, 무단 전재와 무단 복제를 금합니다.

ISBN 979-11-6579-059-2 73400

시공주니어 홈페이지 회원으로 가입하시면 다양한 혜택이 주어집니다.
잘못 만들어진 책은 구입하신 서점에서 바꾸어 드립니다.

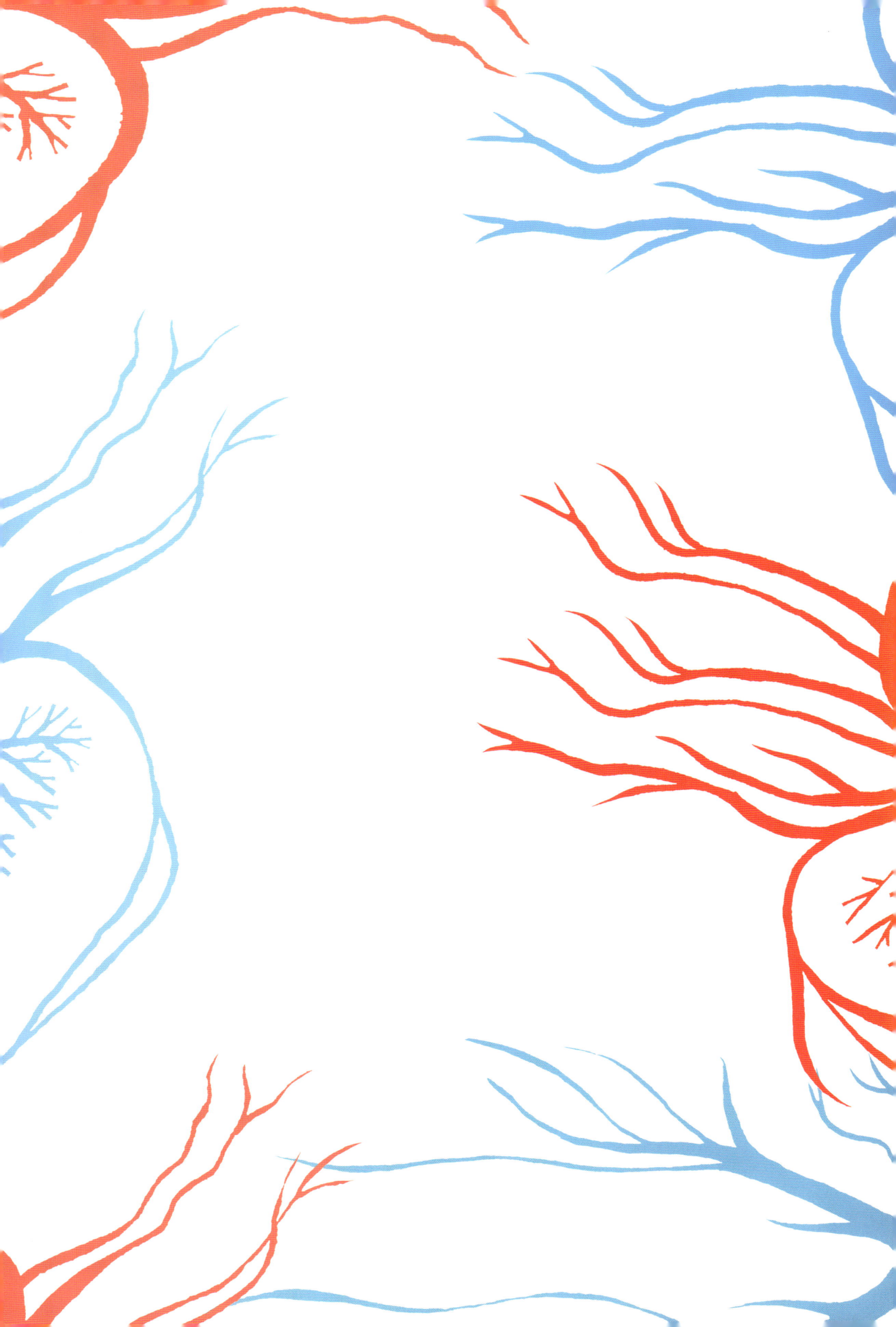